Derechos de autor Celinés Colón
Las 7R de la transformación, 2022.

Editorial PanHouse.
www.editorialpanhouse.com

No se autoriza la reproducción de este libro ni partes del mismo en forma alguna, ni tampoco que sea archivado en un sistema o transmitido de alguna manera ni por ningún medio electrónico, mecánico, fotocopia, grabaciónu otro sin permiso previo escrito del autor de este.

Edición general:
Jonathan Somoza
Gerencia general:
Paola Morales
Gerencia editorial:
Barbara Carballo
Coordinación editorial:
Bárbara Peña
Edición de contenido:
María Teresa Curcio
Corrección ortotipográfica:
Yessica La Cruz
Diseño de gráficos:
Vanessa Estrada
Diseño, portada y diagramación:
Aarón Lares

ISBN: **979-881-598-968-9**

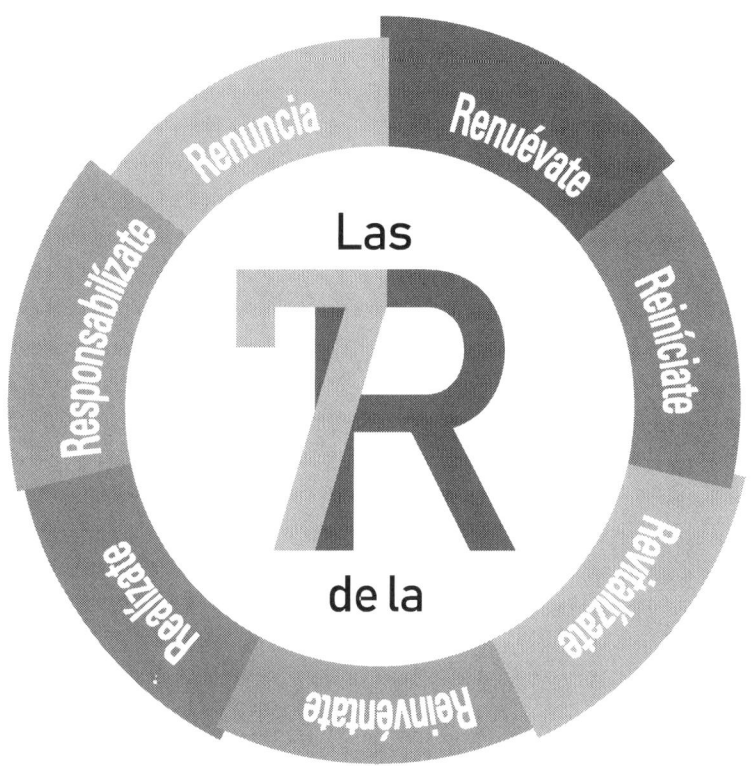

TRANSFORMACIÓN

Domínalas
y domina tu vida

Celinés Colón

ÍNDICE

Dedicatoria	11
Agradecimientos	13
Sobre la autora	15
Comentarios	19
Introducción	23

Capítulo 1. Responsabilízate — 27

Ser responsable enriquece tu vida, lo contrario a esto la empobrece	32
El valor de la responsabilidad	35
El significado de ser responsable	44
¿Por qué debes ser responsable?	51
Hasta dónde llega tu responsabilidad	56
Toma el control de tu vida y haz los cambios necesarios	58
Primera práctica: asumiendo la primera R	65

Capítulo 2. Renuncia — 69

Suelta todo eso que te ata y fluye con gozo	76
Ponle pausa a la música	77
¿A qué crees que debes renunciar?	79
Razones para renunciar	82
En busca de la felicidad	88
La relación entre la renuncia y el éxito	91
Jamás renuncies a tus sueños	98
Las diez formas más eficaces para no abandonar tus objetivos	103
Segunda práctica: asumiendo la segunda R	110

Capítulo 3. Renuévate 113
Por dónde comenzar 116
Vive como los sabios 119
Despídete del estancamiento 126
Renueva tu hogar, renueva tu vida 128
Activa tu mente 131
Quita las piedras del camino 133
Dona, bota, recicla 133
Haz una pausa y evalúate 136
Cinco pasos imprescindibles para renovar tu vida 139
Tercera práctica: asumiendo la tercera R 147

Capítulo 4. Reiníciate 151
¿Qué significa reiniciar? 155
Escucha tu corazón 159
Encuentra tu sabiduría interior 162
Identifica qué necesitas reiniciar 167
La vida no es un ensayo 173
Nunca dejes de remar 177
Cuarta práctica: asumiendo la cuarta R 179

Capítulo 5. Revitalízate 183
Conecta con la naturaleza para recobrar tu paz interior 189
El camino a la revitalización 190
Disfruta de la vida 194
¿Cómo revitalizarte? 197
Ten un propósito y el mundo estará a tus pies 201
Desconéctate de todo y saborea el momento presente 203
Eres el capitán de tu vida 212
Quinta práctica: cinco pasos para revitalizarte 220

Capítulo 6. Reinvéntate — 223
Reinventarse es también probarse.
   Cómo respondes al mundo cuando este te sacude — 228
La perspectiva y actitud importan — 229
Creatividad e iniciativa en el reinvento — 235
Las siete reglas de la reinvención — 236
Dale un giro a tu vida — 241
Beneficios de la reinvención — 243
¿Cómo reinventarte y construir la vida que mereces? — 248
Seis pasos para reinventarte — 251
Sexta práctica: reinventa la manera de ahorrar — 259

Capítulo 7. Realízate — 261
Conecta con tu ser para que puedas conectar con los demás — 265
La pasión, el motor que nos mantiene en movimiento — 270
Sentirse autorrealizado es un camino y no un destino — 271
¿Por qué es importante prepararnos? — 275
Dime quién eres y te diré qué tan realizado estás — 278
Claves para sentirte como un triunfador — 281
¡Déjate ayudar! Tu autonomía
   no debe apartarte de tu compañía — 284
Cinco bloqueadores que te impiden realizarte — 285
La importancia de las buenas decisiones
   y una actitud optimista — 288
Vuelve a mirarte — 291
Siete creencias limitantes que te alejan
   de sentirte como una persona realizada — 291
Séptima práctica: cumple con la última R — 296
Las 7R de la transformación. Domínalas y domina tu vida — 297

Referencias bibliográficas — 301

Dedicatoria

Quiero dedicar este libro a las dos mujeres más poderosas e importantes de mi vida. Sin ellas, yo no hubiera sido la mujer que soy hoy. Ellas son mi amada madre Áurea E. Ortiz y mi querida tía Ana L. Ortiz. Mujeres fuertes, luchadoras, tenaces y resilientes, que han dado todo por mi bienestar y crecimiento. Ellas no han dejado que me falte nada y han permitido con sus enseñanzas que llegue hasta aquí. Me han apoyado y guiado por el buen camino, han inculcado valores muy importantes en mí, me han dado consejos que me han servido para tomar mejores decisiones. Definitivamente no habría llegado hasta este punto, sin ese amor incondicional y guía. Nunca me alcanzará la vida para agradecerles todas y cada una de las cosas que hacen y que seguramente continuarán haciendo por mí. A ellas les quiero decir, simplemente gracias por ser mi mayor inspiración. Gracias por ser tan increíbles, maravillosas y por ser unos extraordinarios seres humanos. Dios me las cuide, proteja y bendiga siempre. Las amo con todo mi ser.

Agradecimientos

Quiero agradecer primeramente a Dios por ser quien me guía, bendice y permite que mis sueños se cumplan. A todas las personas que formaron parte de la creación de esta hermosa obra. Al equipo de trabajo de la casa editorial PanHouse, a mi querida asistente Ana María León, a mi diseñadora de ilustración Vanessa Estrada y a todos los que endorsaron mi libro, la Sra. Adriana González, el Sr. Eric Reid, el Sr. Frank Bonacci y la Sra. Yvette De Luna. A mi amado esposo Jose R. Pérez por su amor y apoyo incondicional. A mi amada hija Ilani Morales por ser mi motivación e inspiración. Por último, a todos mis clientes y seguidores por su confianza y gran apoyo siempre.

¡Simplemente gracias!

Dios los bendiga.

Sobre la autora

Celinés Colón nació y creció en Barranquitas, Puerto Rico. Es una mujer apasionada por la vida y disfruta mucho su rol como madre y esposa. Para Celinés su familia es su mayor motivación y lo más importante.

Celinés es autora del *best sellers La llave al éxito*. Fundadora y CEO de Mujeres Latinas de Impacto Global, una organización dedicada al desarrollo del liderazgo y crecimiento personal para el empoderamiento de la mujer latina. Su misión es que cada mujer pueda maximizar su potencial, cumpliendo el propósito para el cual fue diseñada.

Desde pequeña le encanta servir y ayudar a otros. Su fe está puesta en Dios en todo momento y vive siempre en agradecimiento a Él.

Obtuvo su bachillerato en Administración de Empresas en Northeastern Illinois University en Chicago, Illinois. Además, está certificada como *coach* de vida profesional. Es entrenadora, maestra y oradora certificada por el equipo de John C. Maxwell. Por otra parte, es propietaria de negocios y cuenta con más de veinticinco años de experiencia en ventas profesionales. Como mujer emprendedora y líder bicultural, le apasiona ayudar a personas y organizaciones a desarrollar su liderazgo.

Celinés ha capacitado y desarrollado a miles de individuos directa e indirectamente a nivel global. A través de sus capacitaciones la gente ha podido comprender cómo es que el crecimiento personal verdaderamente funciona y cómo este hace a los seres humanos más efectivos y eficaces, tanto en su vida personal como en lo profesional.

En su camino, ha descubierto que la mayoría de las personas tiene el anhelo de vivir en su mayor potencial, pero luchan por encontrar formas para lograr ese deseo.

Esta autora ha desarrollado cursos, conferencias, programas de mentes maestras, seminarios y talleres sobre ventas, liderazgo y crecimiento personal, que enfatizan la verdad de que cada ser humano está equipado con las herramientas, habilidades y talentos necesarios para lograr todo lo que se proponga en la vida, siempre y cuando mantenga la mirada fija hacia adelante y adopte una actitud positiva.

Celinés no solo comparte en sus libros conocimientos y experiencias que nutren y equipan a cada lector, sino que también, difunde algunas de sus frases inspiradoras. Una de sus más sentidas expresiones tiene que ver con la importancia de encontrar un verdadero propósito en la vida, y la misma señala lo siguiente: «Cuando te conoces y crees en ti, cosas maravillosas comienzan a suceder». Esta frase resalta la importancia de descubrir y desarrollar tus dones y talentos naturales y lo que ocurre tras este acto de reconocimiento: te conviertes en una persona apasionada, autónoma e imparable.

Celinés enfatiza que Dios nos equipó a todos para tener éxito y ser felices en la vida y que es importante que cada ser humano tenga presente que en todos hay grandeza. Cada uno tiene la llave al éxito y todo lo que tenemos que hacer es confiar y creer en nosotros mismos.

Por último, Celinés nos recuerda regalarnos la oportunidad de ser felices. Ella señala que la felicidad es un derecho del que todos los seres humanos gozamos, y aunque no siempre la podemos proclamar como nuestra, está allí y espera que la alcancemos.

«Vive tus sueños, comparte tu pasión y deja una huella en tu caminar».

Celinés Colón

Comentarios

«*Las 7R de la transformación* es tu *coach* de bolsillo por excelencia. Este libro te ayudará a que identifiques las áreas de tu vida que quieres transformar. Además, este valioso texto te lleva paso a paso por el sendero de la transformación personal. Celinés Colón es una guía poderosa para todo aquel que quiere lograr la mejor versión de su ser. La autora comunica su potente mensaje de forma accesible mediante un lenguaje que todos entendemos. Quienes hemos tenido el honor de escucharla dictar su cátedra, sabemos que su mensaje trasciende barreras y obstáculos al provocar una fuerte motivación transformacional en quien la escucha y lee. Invierte hoy mismo en tu nuevo yo adquiriendo, leyendo y aplicando las enseñanzas de *las 7R de la transformación*».

Yvette De Luna
Esq. Abogada laboral/ Autora de *Broken work vows*/ *Coach* ejecutiva BE Human Leadership

«*Las 7R de la transformación: Domínalas y domina tu vida* es el tipo de libro que lees una y otra vez. *Las 7R de la transformación* se convierte en una guía para construir una mejor versión de quien eres y de la vida que deseas. La autora invierte no solo su conocimiento, sino también años de experiencia como entrenadora, para mostrarle al lector cómo romper la mentalidad de atasco y pasar a una vida de empoderamiento y control.

Lo que más me gusta de la escritura de Celinés Colón, es la forma en que es capaz de mezclar lo personal con lo práctico. Está claro que Celinés tiene años de experiencia enseñando estas siete lecciones.

Si buscas transformar tu vida mientras te inspiras, entonces *Las 7R de la transformación son para ti. Domínalas y domina tu vida*».

Eric G. Reid
Coach / Conferencista / Escritor
Success Life U. / Skinny Brown Dog Media

«*Las 7R de la transformación,* de Celinés Colón, es un libro al que volverás no solo ahora, sino siempre. La información y los principios son tan oportunos como atemporales. Para aquellos que buscan convertirse en la mejor versión de sí mismos, este libro proporciona la hoja de ruta. Cada capítulo lo coloca un paso más cerca de una vida exitosa, no solo en lo profesional, sino también en lo personal. Las actitudes construidas y desarrolladas en este libro se aplican a todos los aspectos de la vida. Celinés tiene la sabiduría y el conocimiento no solo para trazar su mejor vida, sino también para ayudarlo a llegar allí.

Conocí a Celinés por primera vez a través del equipo de John Maxwell y trabajé con ella para dirigir varios grupos de expertos en los que enseñamos desarrollo de liderazgo. Hay pocas personas tan apasionadas y dedicadas como Celinés, y eso se refleja en todo lo que hace. Como entrenadora, siempre antepone la experiencia y el aprendizaje de sus clientes, y como autora, antepone la experiencia y el aprendizaje de sus lectores. Está sinceramente dedicada a agregar un gran valor a la vida de los demás, ayudándolos a ver claramente y confiar en sus propias fortalezas, conocimientos y sabiduría mientras se esfuerzan por convertirse en los mejores líderes que pueden ser».

Frank Bonacci
MA; JD; MFA

«Estoy emocionada e impresionada con la lectura de *Las 7R de la transformación* de esta apasionada *coach*, escritora y motivadora, Celinés Colón. Como presidente/CEO de una cámara latina, puedo ver cómo este libro logrará un impacto en mí y en los empresarios por las ideas prácticas y personales que enseñarán a toda la comunidad a alcanzar una mejor versión del mundo de los negocios. Celinés ha creado un libro poderoso que brinda con cada R la forma de encontrar lo mejor en nosotros con pasos específicos como responsabilidad, renovación, realización, que nos llevan a encontrar valor, compromiso y felicidad en nuestro interior para alcanzar el éxito. Recomiendo obtener una copia de este libro para agregarlo a su lista de lectura porque está repleto de información útil que toda persona de negocios debe conocer».

Adriana González
Presidente/CEO
Cámara de Empresarios Latinos

Introducción

¿Cuál era tu deporte favorito cuando adolescente?
A mí desde pequeña me encantaba jugar voleibol. Recuerdo que después de un día de clases, agotada mentalmente tenía que ir directo a las prácticas. A veces no tenía el ánimo ni el deseo, la pereza me ganaba. Imagínate lo que me esperaba, un fuerte adiestramiento físico; aquellos que alguna vez han practicado un deporte saben que requiere de mucho esfuerzo, sacrificio y dedicación, tanto físico como mentalmente. En muchas ocasiones deseaba no asistir, hubiera preferido mejor irme directo a mi casa, descansar, comer, ver televisión, pero lamentablemente no era así. Estaba clara de que en el momento en el que acepté el reto de ser parte del equipo, había asumido una gran responsabilidad que conllevaba mi presencia y participación constante, aun cuando había días en los que no tenía ánimos de practicar. No obstante, mi equipo contaba conmigo y yo tenía que cumplir, quisiera o no. No podía permitir que el agotamiento me venciera.

Ahora bien, permíteme preguntarte: ¿cuántas veces has renunciado a algo después de haberte comprometido? ¿Cuántas veces has decidido abandonar el camino por considerarlo difícil y renunciar fue la mejor opción? La mayoría de las personas no logran alcanzar la vida que desean porque no asumen la responsabilidad de sus decisiones y acciones. No asumir la responsabilidad en tu vida definitivamente te traerá grandes consecuencias, por lo que más tarde te arrepentirás de no haberlas asumido a tiempo.

Hay una frase de mi mentor John C. Maxwell que dice: «El mayor día de tu vida y la mía es cuando tomamos responsabilidad total de nuestras actitudes. Ese es el día en que realmente crecemos». Y en definitiva, John tiene toda la razón, jamás creceremos como personas si primero no nos hacemos responsables por nuestros actos. Hacernos responsables conlleva una acción de nuestra parte, sin esta no hay resultados ni transformación. Por ende, este libro te ayudará a iniciar de nuevo y a dar los primeros pasos para que puedas cumplir con tus deberes y con lo que te comprometes en la vida. Así como lo hace el sol todos los días, que nos ilumina y nos da calor, tú nacerás para iluminar no solo tu existencia, sino también la de todo tu entorno. Esto será posible porque te darás cuenta de que puedes dejar esas malas decisiones atrás y comenzar hoy a construir la vida que quieres. En estas páginas encontrarás la vía para tomar las riendas de tu vida, independientemente del rincón del mundo en el que te encuentres.

Así como en mi primer *best seller*, *La llave al éxito*, ayudo a las personas a distinguir quiénes son y puedan identificar el propósito de sus vidas —con el cual han nacido—, en esta obra mi intención es inspirar a que transformen sus vidas y logren cambios trascendentales. Es por ello que si en este momento de tu existencia estás buscando una renovación, bien sea personal, laboral o en cualquier ámbito, esta obra está hecha para ti. No solo te ofrezco las claves para tu evolución, sino también varios retos y ejercicios que te permitirán aplicar los conocimientos adquiridos en cada capítulo y, de esta manera, puedas ejecutar las acciones necesarias que te impulsen a materializar tu transformación.

Y sí, tú puedes cambiar. No importa cuántas veces lo hayas intentado o cuántas veces hayas fracasado. Quizá desconocías la vía correcta para lograr tu cambio y en estas páginas la encontrarás por medio de un camino que tiene siete paradas. De ahí surge el nombre **7R**. Son siete actitudes que debes desarrollar para lograr tu transformación, estas son: la responsabilidad, la renuncia, el reinicio, la renovación, la revitalización, la reinvención y la realización. En cada capítulo de este libro, se abordan estos aspectos.

La responsabilidad trata sobre asumir los compromisos y las obligaciones; la renuncia contempla todo aquello de lo que debes despojarte y deshacerte, entre lo que se cuentan tus pensamientos que limitan tu desarrollo. El apartado sobre el reinicio aborda las claves para que puedas avanzar, mientras que en el capítulo sobre la renovación te oriento para crear nuevos patrones de pensamiento y hábitos que te ayuden a cumplir tus metas. En cuanto a la revitalización, te explico la importancia de establecer prioridades y cómo prestar atención a estas áreas de la vida; en materia de reinvención, por su parte, me enfoco en que conozcas las maneras para rehacerte a partir de una nueva programación mental en la que prevalezcan la positividad y el reconocimiento de las cualidades propias. El último capítulo, finalmente, se trata de la realización, y como su nombre lo indica, aborda el hecho de que sentirse realizado tiene que ver con la satisfacción que genera haber logrado aquello que se anhelaba.

Cada una de estas R es concientizadora y te ayudará a tomar decisiones, así como a reflexionar sobre ciertos aspectos de tu vida que necesitan de tu energía para poderlos cambiar. Es por ello que cada R te llevará a ejercer una acción, lo cual te conducirá a retomar el camino correcto hacia lo que quieres lograr en tu existencia.

¿Estás preparado? En este instante comienza tu camino transformador y tu nuevo nacimiento.

Capítulo 1
Responsabilízate

«Tu vida comienza a cambiar el día
que te responsabilizas de ella».
Steve Maraboli

¿Alguna vez has conocido a una persona que nunca tiene la culpa de nada y prefiere mejor echarle la culpa a los demás? Y es que muchas veces es más fácil señalar a otros que asumir la propia responsabilidad.

Una vez alguien me comentó: «Mientras haya alguien a quien echarle la culpa, yo no la aceptaré». ¡Qué irresponsabilidad! Con esa frase denotaba su falta de conciencia y es que hoy día muchas personas prefieren hacerse las víctimas antes de asumir la responsabilidad por sus actos, se niegan a desarrollar una vida plena, a tener un mejor estilo de vida equilibrado, dejando de lado la productividad y el valor por la vida.

Todos tenemos una responsabilidad con nuestras vidas y si tú no estás dispuesto a asumirla nadie lo hará por ti. Nadie puede hacerse cargo de tus malas decisiones y acciones. Por lo tanto, si te encuentras en un lugar no muy satisfactorio en este preciso momento, te digo: nadie puede cambiar tu situación a menos que tú intencionalmente decidas cambiarla. Nada funciona a menos que tú lo hagas funcionar.

John C. Maxwell en su libro *Las 15 leyes indispensables del crecimiento*[1], señala en la ley de la reflexión: «Aprender a hacer una pausa hace que el crecimiento le alcance», con lo cual quiere decir que si queremos

---

[1] John C. Maxwell, *Las 15 leyes indispensables del crecimiento,* (Estados Unidos: *Center Street*, 2014).

crecer en la vida, tenemos que detenernos y meditar sobre nuestras propias experiencias. Esto nos llevará a concientizar que no podemos seguir con los malos hábitos de no hacernos responsables por lo que nos corresponde.

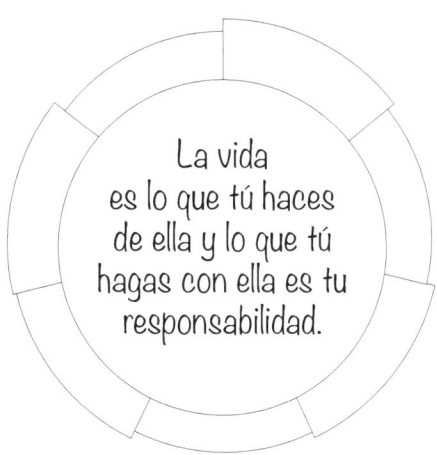

Soy de las que piensa que la vida es lo que tú haces de ella y lo que tú hagas con ella es tu responsabilidad. Y si día tras día eres negligente en tu toma de decisiones no puedes esperar grandes resultados. Tienes que darte la oportunidad de indagar en tu ser interior e identificar los causantes de ser como eres. Haz esa pausa que acabo de señalarte y ve qué ocurre en tu interior.

Puedes responder:

1. ¿Cuál es el valor que le das a la responsabilidad?
2. ¿Crees que eres una persona responsable o eres de los que huyen de serlo?

3. ¿Te has responsabilizado por algo que no salió como lo esperabas y dependía de ti?
4. ¿Cuántas veces lo has hecho?
5. ¿Esa actitud cómo te hizo sentir?

Desde el inicio de nuestra niñez de alguna manera se nos inculca el valor de la responsabilidad. En algún momento de ese periodo seguramente tu mamá te exigía limpiar y organizar tu cuarto y si no lo hacías no te permitía jugar o te quitaba algunos privilegios. Y es que mamá entendía el gran valor de enseñar esta gran cualidad a sus hijos. Mamá sabía que estas eran las primeras lecciones para crear la debida conciencia acerca de las consecuencias que tiene la responsabilidad en todo lo que sus hijos hacían o dejaban de hacer, no solo sobre ellos mismos, sino también sobre los demás.

La responsabilidad es una actitud mucho más importante de lo que has podido imaginar hasta ahora. Considera que eres responsable de lo que puedes hacer y de lo que puedes lograr. Si has culminado la *high school* o la universidad, sabrás bien de qué hablo. Tenías que ponerle empeño a cada presentación o trabajo porque nadie lo podía hacer, excepto tú, ni hablar de los exámenes. Si no te responsabilizabas por estudiar, nadie lo hacía por ti. Solo porque fuiste responsable obtuviste tu diploma y eso aplica a cada uno de tus logros, bien sean académicos, laborales, entre otros. Es por ello que la responsabilidad siempre te definirá como persona.

A lo largo de mi vida, me he dado cuenta del daño que produce ser una persona irresponsable. He conocido a muchos individuos incapaces de asumir un compromiso y en consecuencia han tenido que pagar un precio muy alto. Este tipo de personas no cumplen con su palabra o se excusan cuando las cosas no salen como se habían planificado. Son, sencillamente, gente que cae en la negligencia de no responder a las promesas que se hacen a sí mismos o a los demás y luego se quejan de estar en donde están en la vida.

Así como cuando una planta se seca por falta de agua o de nutrientes, la irresponsabilidad puede malograr cualquier aspecto de tu vida. Sí, así como una planta necesita agua, luz solar y abono para crecer y florecer, tú necesitas hacerte responsable de lo que te corresponde para desarrollar una vida plena y feliz.

SER RESPONSABLE ENRIQUECE TU VIDA, LO CONTRARIO A ESTO LA EMPOBRECE

Nadie toma decisiones en la vida para fracasar. Nadie abre un negocio para cerrarlo en poco tiempo. Nadie se casa para divorciarse y mucho menos crea una familia para luego abandonarla. Cada individuo, de alguna manera u otra, tiene la buena intención de hacer las cosas. Pero ¿qué pasa cuando las cosas no salen como se habían planificado? He descubierto que una de las razones principales por las cuales las cosas no salen como muchas veces se programan es por la falta de compromiso y responsabilidad. Seguramente tienes un amigo o has sabido de alguien que fue muy próspero económicamente en algún momento de su vida y que hoy día tiene graves problemas financieros. Las deudas que se dejaron de pagar y el mal manejo del dinero lo llevaron a la bancarrota. Probablemente este individuo tenía la buena intención, pero ¿qué le ocurrió a esta persona? Es muy probable que en su preciso momento no haya manejado de manera correcta sus finanzas, no se preocupó por ahorrar, menos de hacer algunas inversiones. Fue poco responsable ante su realidad y ahora está pagando las consecuencias de sus malas decisiones. Si sus finanzas fuesen una planta, esta dejó de crecer y más nunca pudo florecer.

¿Qué sucede cuando estos comportamientos se siguen repitiendo? Podemos entender que el origen del problema está dentro de las personas. Así como cuando una planta se marchita y la causa principal se encuentra en la raíz, los individuos con sus pensamientos y actitudes tienden a comportarse de manera irresponsable y esto les afecta mucho más de lo que ellos pudieran imaginar. En ocasiones, son sus malos hábitos la raíz de sus problemas, es decir, el hecho de no saber discernir en el momento, tomar decisiones a la ligera y bajo emociones e incluso su forma de pensar. Por consiguiente, hasta que no trabajes por arreglar la causa, siempre serán iguales las consecuencias y los resultados de tus acciones.

Si, por ejemplo, has padecido o tienes sobrepeso y seguramente sabes que tu estilo de vida no es el más saludable y aun así insistes en no hacerte cargo, en no cambiar tu alimentación, en no practicar alguna actividad física, aun cuando el doctor probablemente te haya hecho la recomendación, tu problema está arraigado en tus malas decisiones y sus consecuencias se reflejan no solo en la báscula, sino en la cantidad de enfermedades a las cuales eres vulnerable y que están asociadas con el exceso de peso, como la hipertensión, la diabetes, entre otras. Además, es posible que no te sientas a gusto con tu cuerpo y eso puede estar mermando tu autoestima. Solo cuando tomes las acciones necesarias podrás ver los resultados que tanto anhelas, como verte bien en el espejo, sentirte orgulloso de tu fuerza de voluntad y estar más saludable.

Responsabilízate

EL VALOR DE LA RESPONSABILIDAD

Desde muy pequeña he sido una persona muy responsable, pero también he caído en la tentación de no serlo. Recuerdo que cuando tenía diecisiete años de edad, un tío me prestó su vehículo, una camioneta blanca tipo *van* para comprar comida en un restaurante cerca de mi casa. Era un día sábado y por lo general pedíamos comida para compartirla en familia. Cuando llegué al lugar e hice el pedido, me informaron que este se demoraría una media hora aproximadamente. Así que sin el permiso de mi tío, decidí visitar a un familiar que vivía cerca del restaurante y no quedarme esperando. A mi regreso, otro vehículo embistió la *van* de mi tío, específicamente por la puerta del copiloto. El conductor se dio a la fuga y no supe en el momento qué hacer. Ese accidente no hubiese ocurrido si yo no hubiera ido a casa de mi familiar. Muy nerviosa, recogí la comida del restaurante y volví a casa de mis tíos. Decidí callar. Como era de noche, estacioné la *van* y entré a la casa fingiendo que nada había pasado, a pesar de que era visible que el vehículo había sido chocado.

Cuando mi tío se dio cuenta del choque al día siguiente, como era de esperarse, me pidió explicaciones. Yo continué fingiendo, no solo durante todo ese día, sino también durante los días posteriores. Hubo un momento en el que sencillamente me dijo: «Todavía estoy esperando una explicación». No pude más, mi conciencia no me lo permitió. Con los ojos llorosos y muy arrepentida le confesé lo que había sucedido. Pedí perdón y él me lo confirió con la condición de que nunca más le mintiese.

Su molestia no era el choque, al fin y al cabo era algo material y se podía arreglar, sino la mentira de mi parte. Yo le había lastimado, así como había quebrado la confianza que él había depositado en mí. No obstante, al hacerme responsable del hecho, pude restaurar nuestra relación. Si hubiese seguido mintiendo, sin asumir mi responsabilidad, la relación con mi tío se hubiese quebrado para siempre.

Esto pasa en nuestras vidas con frecuencia cuando no nos hacemos cargo de nuestras acciones, pagamos precios muy altos, las consecuencias son mucho más dañinas que el hecho en sí. En ocasiones, evadimos las responsabilidades porque nos dan miedo. En mi caso, yo sentía que no podía resarcir el daño al vehículo, sencillamente no tenía los medios financieros para pagarlo y por eso había mentido. Aunque hoy sé bien que en todo momento debemos hacernos responsables de nuestros actos y decisiones, independientemente cual sea la situación, es lo correcto y es lo que nos hace íntegros como personas.

Responsabilízate

Por otra parte, hay momentos en los que sentimos temor de asumir la responsabilidad de ser padres, de formar una familia, de liderar un equipo o abrir un negocio porque pensamos que no estamos preparados para tomar la carga de tales obligaciones. Otras veces, podemos sentir temor de hacernos cargo de nuestra propia vida, salud y finanzas. ¿Sabes por qué?, porque queremos seguir viviendo como lo hemos venido haciendo, a pesar de todas las frustraciones que eso nos provoque y ¿qué significa esto?, que no estamos siendo honestos con nosotros mismos y con nuestras decisiones. Si te ves reflejado en alguno de estos ejemplos, tú puedes combatir cualquiera de estos miedos a pesar de lo invencibles que parezcan.

Así como lo manifesté en mi libro *La llave al éxito*, hay diversos tipos de miedo y muchos de ellos no tienen fundamento, son torres de papel y no de cemento. Sin embargo, solo cuando eres capaz de enfrentarlos, los puedes derribar. Y la mejor forma de hacerlo es trabajando de manera consciente en tu propósito. Por ende, tú puedes aprender a responsabilizarte de tus actos y asumir las consecuencias sin miedos. Es más el bien de ser responsable que de no serlo.

Recuerdo que cuando estaba en la universidad el examen final de una de mis clases de gerencia, consistía en hacer una presentación a un grupo de más de cincuenta personas. No solo era el profesor el que evaluaba, sino también los mismos compañeros de clase y para ello se nos interrogaba con varias preguntas las cuales tenían un puntaje del uno al diez.

Se consideraban además varios factores como: la vestimenta, la postura, la seguridad, la fluidez, la comunicación, la preparación, el conocimiento sobre el tema, la claridad, el contacto visual con la audiencia, el tono de voz, entre otros. Yo era la encargada de hacer la presentación de mi grupo y estaba muy nerviosa. El miedo me estaba paralizando y por un momento pensé en no hacer la presentación. Sin embargo, no solo se trataba de mí, de mi participación dependía el grado final de los integrantes de mi equipo. Sabía que tenía que enfrentar mi miedo de hablar en público y de hacerme responsable del compromiso que había aceptado con ellos. Así que caminé hacia el podio y di lo mejor de mí, recuerdo que me sostuve bien del mismo, para que mis piernas pudieran resistir el nerviosismo y el temblor que estaba afectando todo mi cuerpo. Después de todo, nuestra presentación terminó siendo una de las mejores.

A raíz de esta experiencia te comparto cinco ganancias invaluables que aprendí y que tienen el valor de la responsabilidad.

Responsabilízate

1. Te ayuda a rendir cuentas

Cuando eres consciente, cumples con los deberes y obligaciones que te competen. Con esa actitud ganas buena reputación, lo cual, a la larga, se traduce en que con solo escuchar tu nombre, las personas tienen un buen concepto de ti.

2. Te ayuda a asumir tus actos

Esto también tiene que ver con la actitud ante la vida y con el hecho de aceptar que así como puedes hacer las cosas bien, algunas veces también puedes cometer errores. Esta mentalidad te permitirá ser más autónomo, lo cual es imprescindible para alcanzar tus metas y objetivos.

3. Te ayuda a ganar seguridad y confianza en ti mismo

Recuerda que mientras más creas en ti, podrás proyectarte mejor y eso, sin duda, es un imán para las nuevas oportunidades y para entablar mejores relaciones.

4. Te ayuda a ser consciente de ver hasta dónde llegan los límites de los demás y los tuyos propios

Cuando sabes hasta dónde puedes tolerar algo, exigirás el respeto necesario, sin que esto te afecte. Así mismo, cuando sabes hasta dónde puedes llegar con alguien, no traspasarás barreras.

5. Te ayuda a ser una persona honesta

La honestidad es fundamental para entablar una comunicación efectiva con los demás, ya que esta te da la oportunidad de expresar tu sentir con claridad, sinceridad y respeto.

Solo tú sabes en qué área tienes que responsabilizarte. En la vida todos sabemos en dónde estamos fallando, en dónde estamos siendo negligentes, en dónde no estamos asumiendo el compromiso de algo.

Hoy puedes cambiar todo eso, tú eres el único que tiene la responsabilidad de llegar a tu destino, no hay nadie más. Esto tiene que ver con tus metas, con tus objetivos y con el estilo de vida que tú, como ser humano deseas para ti mismo. Al respecto, Les Brown una vez dijo: «Acepta la responsabilidad por tu vida. Tú eres él único que te llevará adonde quieres ir, nadie más». ¿Has pensado alguna vez en ello?

Tú eres el creador de tu propia vida; cámbiala tomando decisiones conscientes.

Responsabilízate

Con esto también quiero decirte que nunca podrás alcanzar tus sueños o lo que quieres, si no te haces responsable de tus decisiones. Verás que si te comprometes con cada una de las áreas más importantes de tu vida, conseguirás muchísimas más satisfacciones de las que tienes ahora, porque podrás alcanzar esos objetivos que alguna vez te planteaste y que aún no has alcanzado.

> La responsabilidad inicia contigo mismo. Considera que eres mente, cuerpo y alma y que estás en la obligación de cuidar cada faceta de tu vida.

La responsabilidad inicia contigo mismo. Considera que eres mente, cuerpo y alma y que estás en la obligación de cuidar cada faceta de tu vida. No seas como aquellos que viven en piloto automático con muy poca conciencia de su día a día, no se responsabilizan por sus vidas y esto a la larga les trae graves consecuencias. Este tipo de personas no consiguen ser felices y menos sentirse satisfechos porque no son lo suficientemente intencionales en tomar decisiones sabias que les aporten vivir por sus sueños. ¿Quieres ser uno de ellos?, no ¿verdad? Entonces, responsabilízate por lo que te corresponde, para esto puedes tomar en cuenta esta frase como reflexión que nos dejó Albert Ellis: «Los mejores años de tu vida son aquellos en los que decidas que tus problemas son solo tuyos. No es culpa de tu madre, la ecología o el presidente. Uno se da cuenta así del control de su propio destino».

Al saber que eres un ser integral y que como tal tienes distintas facetas, concientizarás que por un lado tienes que alimentar tu parte mental y espiritual y por otra parte tienes que nutrir y cuidar tu cuerpo de la mejor manera posible. Entonces, mientras más responsable seas de ti mismo y de cuidar todos estos aspectos que conforman tu vida, serás una mejor versión de ti cada día. Así es que podrás dirigir las riendas de tu hogar, ser mejor padre o madre, ser mejor líder, ser mejor negociante y ser una mejor persona. Todo empieza con la responsabilidad. Recuerda que no podrás amar a otro si primero no te amas a ti mismo. Cuando dejas de cuidarte y te abandonas, no solo estás siendo irresponsable contigo mismo, sino también con tus seres queridos.

He sido testigo del sufrimiento de familias enteras cuando uno de sus miembros decidió renunciar a la vida por falta de amor propio o porque las cosas no le

Responsabilízate

estaban saliendo como lo esperaba. Los problemas de alcohol, de drogas, de adicciones, muchas veces parten de la falta de valorarse, cuidarse y amarse; en vez de buscar ayuda profesional para enfrentar su realidad y salir de la situación, prefieren dejarse vencer por el problema.

Por lo tanto, considera a partir de hoy que el castigo más grande que te puedes hacer a ti y a los que amas es el de renunciar a la vida que anhelas y a tu propósito.

Pregúntate, analiza y contesta:

¿Por qué has decidido abandonarte?
_____
_____
_____

¿Cuál ha sido la causa?
_____
_____
_____

¿Qué puedes hacer para salir de esa situación?
_____
_____
_____

¿Qué opciones tienes?
_____
_____
_____

¿Quién puede ayudarte?
_____
_____
_____

Es el momento de combatir ese dolor emocional. No sigas desperdiciando tu vida que es el regalo más hermoso que tienes. Considera que si bien tirar la toalla en los momentos más difíciles parece ser lo más fácil, no es lo más sabio, tú tienes el poder de transformarte en aquello que deseas ser, solo tienes que decidir ser responsable. Jim Rohn una vez dijo: «Debes asumir la responsabilidad personal. No puedes cambiar las circunstancias, las estaciones o el viento, pero puedes cambiarte a ti mismo».

EL SIGNIFICADO DE SER RESPONSABLE

Tu nombre es tu carta de presentación y tienes que cuidarlo tanto como tu apariencia personal, tu salud, tu cuenta bancaria o tus hijos, si los tienes. Muchas veces, con solo escuchar tu nombre las personas te asociarán con una serie de características. Vendrán a su mente tu imagen personal, lo que proyectas, cómo es tu relación con ellos y con los demás, tus cualidades y, en especial, si se trata de negocios, tu responsabilidad.

Es por esta razón, que así como te identificas por tu nombre y apellido, te caracterizas por lo responsable que demuestres ser. Quien es una persona responsable se distingue por tener la virtud de tomar decisiones de manera intencional y por asumir de forma natural las consecuencias. La persona responsable jamás se justificará si comete alguna negligencia, si se le olvida alguna tarea o si comete algún error. En definitiva una persona responsable:

- **Es capaz de tomar decisiones consciente e intencionalmente:** esto habla de la necesidad de ser realista y de no ignorar sus circunstancias. Si desea cambiar algún aspecto de su vida, primero evalúa lo que le motiva, por qué no lo había hecho antes y qué logrará con sus nuevas decisiones.
- **Asume las consecuencias de sus actos incluso de sus malas decisiones:** supongamos que eres un emprendedor, debes saber que recae en

ti cualquier responsabilidad relacionada con tu negocio a toda costa. Por ejemplo, a raíz de la pandemia por el covid-19, muchos tuvimos que asumir responsabilidades que no habíamos ni remotamente pensado. En mi caso particular, todos los adiestramientos los migré hacia lo digital y no me refugié en excusas. Yo tenía que cumplir con mis clientes y con el contrato que habíamos suscrito. Si bien no nos podíamos reunir presencialmente, yo encontré la plataforma para dictar los talleres pautados y, gracias a esa decisión, demostré ser una persona responsable.

- **Cumple con sus deberes:** es decir, con su palabra, con las promesas que hace a pesar de cualquier circunstancia. Pongamos el caso de una persona que le presta dinero a otra, en el lapso estipulado se debe devolver la suma. Si no ocurre, difícilmente se le volverá a prestar dinero porque su imagen es ahora la de un irresponsable que no cumple con sus promesas.

El significado de ser responsable es trascendental. Quien es responsable sabe que es el creador de la vida que desea e incluso sabe que tiene una responsabilidad con su descendencia. Ejemplo de esto, si asumiste ser mamá o criar una familia, eres el responsable de la crianza y de la educación de esos niños. También eres responsable de inculcarles ese valor, lo cual no significa que debas asumir o hacerte cargo de sus obligaciones. Recuerda que a los hijos hay que dejarlos ser. Si te encargas de sus responsabilidades fomentarás más bien desconfianza en sus propias capacidades.

Considera que los niños tienen sus propios compromisos. No solo me refiero a los escolares, sino también en distintos ámbitos de sus vidas. A ellos se les puede enseñar a cuidar sus pertenencias, a mantener sus útiles en buen estado, se les puede sembrar el valor de la organización, si así se les exige y se les orienta. Sé bien que los niños que crecen sin ninguna responsabilidad probablemente tendrán muchos problemas en sus vidas. Como se acostumbran a la codependencia, culpan a otros de sus errores y evaden sus compromisos.

Yo enseñé a mi hija a que fuera independiente desde muy pequeña. Hoy por hoy ella es una joven autónoma que toma sus propias decisiones y es capaz de responsabilizarse por sus acciones. La intención de inculcar este valor se debe a que este se encuentra muy arraigado en mí. Fue una cualidad que me instauraron desde muy pequeña. Esto lo agradeceré por el resto de mi vida. Gracias a este gran valor me he ganado el respeto de mi familia, clientes y de todos quienes me conocen porque siempre he sido una mujer muy responsable.

Yo fui criada con la ayuda de unos tíos y gracias a ellos y a mi mamá me formé con unos valores muy ventajosos. Cuando yo tenía ocho años de edad, no solo cumplía con mis obligaciones escolares, sino que también atendía varias labores domésticas en mi casa, las cuales cumplía con rigurosidad porque sabía que ese era mi deber. Ordenar mi cuarto, limpiar la casa y cocinar fueron tareas que aprendí a hacer desde muy joven. Esta manera de ser criada me impulsó incluso a ganar mis propios ingresos para cubrir parte de mis gastos personales y ayudar a otros.

Además, esas responsabilidades forjaron mi carácter. Pude desarrollar muchas habilidades y facultades que me permitieron ser la mujer que soy hoy. Desde mi visión particular, esto fue lo que hizo que forjase la capacidad de creer en mí. Me permitió descubrir mis talentos como líder, incluso desde que era adolescente. De aquellos tiempos, recuerdo cuando asumí el rol de un líder como presidente de mi clase en el último año de la *high school*. En ese momento, tuve que tomar decisiones y planificar las actividades necesarias para recaudar fondos para que se lograra una clase graduanda exitosa. Por supuesto, se trató de una responsabilidad compartida ya que no solo dependió de mí, sino del apoyo de una directiva y de una clase entera. Esto fue posible gracias a nuestro compromiso y dedicación. Juntos lo logramos, de eso no tengo dudas.

Mi experiencia personal me hace creer que la responsabilidad es un desafío que nos saca de la zona de confort. No obstante, vale la pena. Nunca podremos alcanzar nuestros sueños si no asumimos mayores responsabilidades. ¡Aprende eso!

Mi clave, en retrospectiva, siempre ha sido ser responsable y cumplir con cada uno de mis compromisos, con mi palabra, con mis promesas, sin importar el desafío o el reto que tuviese que afrontar. De hecho, mi personalidad responsable y mi visión fueron determinantes para buscar un mejor futuro en Estados Unidos. Allí no solo pagué mis estudios universitarios, sino que me formé como profesional y abrí mis propios negocios.

Si concientizas el valor de la responsabilidad, te darás cuenta de que no solo se trata de una actitud ante la vida, sino que además puede ejercer un impacto en tus seres queridos. Tus decisiones generan consecuencias en ti y en los demás. La buena noticia es que hoy mismo puedes asumir ser una persona responsable. Por ello, quiero compartir contigo las siete claves para hacerlo. Estas son muy puntuales y extremadamente valiosas para tu vida. Toma nota:

- **Cumple lo que prometes**. Recuerda siempre que tu nombre es tu carta de presentación.
- **Sé comprometido.** No se trata de impresionar, sino de cumplir y hacer las cosas con pasión y esmero.
- **No culpes a nadie.** Puedes fallar y equivocarte, lo que no puedes hacer es culpar a otros de tus malas decisiones.
- **Deja atrás las justificaciones.** Las excusas no te sirven para nada. No te permiten crecer ni aprender.
- **Respétate para que te respeten.** Tú tienes una responsabilidad contigo mismo. Cuando te valoras y te das tu lugar, no habrá nada ni nadie que pueda dañar o afectar tu imagen. De esto se trata el respeto hacia uno mismo.
- **Sé puntual.** Cumple con las fechas pautadas a la hora de entregar un trabajo o cumplir con un servicio.
- **Sé organizado.** Una persona planificada sabe cuáles son sus prioridades, conoce bien qué debe hacer o qué pasos seguir para cumplir con todas sus responsabilidades.

Responsabilízate

¿POR QUÉ DEBES SER RESPONSABLE?

Cuando las cosas dependen de ti y no funcionan como deberían, es un reto asumir la culpa, el error y la equivocación. Por tanto, ser lo suficientemente intencional y tener conciencia de que todo lo que haces genera una consecuencia es parte de entender la importancia de ser responsable.

Abraham Lincoln, expresidente de Estados Unidos de América y sin duda uno de los políticos más reconocidos de este país, en varias ocasiones hizo referencia a la responsabilidad. Entre sus frases célebres se cuenta: «No se puede escapar de la responsabilidad del mañana, evadiéndola hoy». Por consiguiente, desde mi perspectiva, la responsabilidad es como el miedo, aun cuando quieras escapar de él, esto no hace que desaparezca.

Tus acciones demuestran qué tan responsable eres y la mejor forma para impactar la vida de otras personas es por medio del ejemplo. Esto es particularmente importante para quienes son padres, líderes de un equipo o si se encargan de ejercer cualquier influencia. Si demuestran con el ejemplo lo que dicen, sus consejos o sus instrucciones serán congruentes y respetados. Si no, lamentablemente no tienen moral para exigir algo. Sé de jóvenes adolescentes que empiezan a fumar y a consumir alcohol a muy temprana edad porque sus padres lo hacen. Recuerda que los jóvenes si bien son seres independientes, están siguiendo el ejemplo que ven en casa y por ello sienten que no pueden ser objetados de sus malos hábitos.

La responsabilidad se demuestra por medio de los comportamientos. Nuestras acciones dicen mucho sobre nuestras decisiones. Son reveladoras. Sé bien que cuando alguien no se quiere comprometer a hacer algo determinado, como hacer un trabajo o cumplir con un servicio, en realidad está evadiendo una responsabilidad. Incluso, he visto que muchos prefieren regalar su trabajo o no cobrar sus servicios porque le tienen miedo a no cumplir con lo que se espera.

Piensa en los servicios que has contratado. Cualquier contrato que mantengas con algún proveedor, se debe a que te ha demostrado responsabilidad y satisface tus necesidades independientemente del ramo. Del mismo modo, reflexiona las razones por las cuales dejaste de frecuentar a una persona, de ir a un sitio o los motivos por los cuales contrataste otra empresa. Estoy segura de que cierto matiz de irresponsabilidad pudo haber afectado la relación contractual o personal con esas personas o compañías.

Si en cambio, reconoces que de cierta forma tú has sido el irresponsable, entonces, es hora de dar los primeros pasos hacia tu transformación. Para ello, identifica en qué área de tu vida has sido poco comprometido y cuáles han sido las razones. Solo reflexionando sobre esto e indagando en tu interior podrás responderte y además tomar conciencia de que ese camino no te ha traído nada satisfactorio.

Si admites que has sido en ocasiones un poco irresponsable, es tu deber que explores si tienes baja autoestima o poca valoración por ti mismo. Probablemente, has culpado a otros de tus malas decisiones, te has sentido una víctima de las circunstancias o hasta hayas mentido para no reconocer tus errores. Además, puede que seas propenso a ser conflictivo, a seguir hábitos inadecuados o a ser una persona codependiente porque no te crees capaz de asumir las riendas de tu existencia. Si te reconoces en estas líneas, estás dejando que la vida se vaya de tus manos. ¿Vas a seguir permitiéndolo? ¿Vas a dejar que tu irresponsabilidad te aleje de la vida que sueñas y que mereces?

Si mantienes una actitud propensa hacia la irresponsabilidad, solo lograrás:

- **Generar cada vez más desconfianza.** Tu palabra no valdrá nada. Tampoco tu nombre.
- **Tu vida personal y laboral se verán afectadas.** Las personas no creerán en ti, aunque digas la verdad.
- **Perderás oportunidades.** No importa lo brillante que seas y cuántos conocimientos atesores,

las personas prefieren a alguien responsable. Cuando alguien no confía en ti por tu irresponsabilidad, verás mermadas las eventuales oportunidades de negocios que pudieras tener.

- **Pérdida de gente de influencia.** Es poco probable que seas recomendado, por tanto no conseguirás clientes.
- **Desarrollarás problemas de carácter.** Cada vez que no asumas un compromiso o una obligación, el estrés, las preocupaciones y las frustraciones se incrementarán. También aumentará el miedo de creer en ti mismo. Te sentirás incapaz.
- **Cada vez te será más difícil terminar lo que empiezas.** Como te acostumbraste a poner excusas para no cumplir tus metas o tus objetivos será para ti natural claudicar.
- **Serás apreciado como alguien conflictivo.** Tu irresponsabilidad te llevará a culpar a otros de tus desaciertos, por lo que tus relaciones se verán afectadas.
- **No lograrás nada.** Tu falta de compromiso afectará toda tu existencia. Como te inclinas a buscar lo más fácil, así como atajos para no aceptar mayores responsabilidades, nada te será realmente satisfactorio.

Responsabilízate

Por lo contrario, al hacerte responsable de tu vida, de tu salud, de tus finanzas o de la relación que tengas con los demás, bien sea sentimental o laboral, obtendrás variados beneficios, entre ellos, estos cinco:

1. **Generarás confianza y credibilidad.** Las personas creerán en tu palabra y sabrán que aquello que prometes lo cumplirás.
2. **Ganarás respeto**. Serás admirado por tus decisiones y tus acciones.
3. **Harás que otros se comprometan y crean en ti.** Un líder es un ejemplo para los demás, es por ello que tiene el poder de influir en su entorno.
4. **Serás más autónomo y asumirás las consecuencias de tus actos**. Al tomar conciencia de que tú puedes tomar decisiones propias, estarás más propenso a aceptar que recae en ti la responsabilidad de tu vida y por ello tus elecciones serán intencionales y alineadas con tus propósitos.
5. **La gente de tu entorno optará por tener una actitud hacia ti de disposición, determinación, dedicación y compromiso.** Esto se debe a que has ganado su respeto y admiración, por lo cual, estarán mucho más dispuestos a ayudarte cuando sea necesario.

HASTA DÓNDE LLEGA TU RESPONSABILIDAD

Hazte responsable de tu vida. Toma control de ella y construye la vida que tanto has anhelado.

Celinés Colón

Hay una frase que dice: «Tus derechos terminan cuando transgreden los derechos de otra persona». Algo parecido pasa con la responsabilidad. Si bien tú tienes responsabilidades con otras personas, en especial con tu núcleo familiar, no puedes hacerte cargo de todo ni de todos. Que tú seas responsable no exime a las personas de tu entorno de tener responsabilidades propias.

Es decir, por un lado, eres el responsable de tu vida, así como también lo eres de servir y agregar valor a otras personas. Pero, por otra parte, eso no significa que los otros no puedan cuidar de sus vidas y de velar por sus acciones. No puedes asumir la responsabilidad que les corresponde a otros. Eso no está bien.

Lamentablemente, muchas de estas personas que no asumen responsabilidad, viven sus vidas a la ligera,

Responsabilízate

con muy poca conciencia. Estoy segura de que te has topado con una persona así. Quizás ese individuo lo hayas visto hoy. Quizá lo aprecies e incluso lo ames. Si uno de tus seres queridos es irresponsable o está teniendo una relación con una persona así, quisiera hacerte varias preguntas: ¿has tomado su carga como tuya? ¿Por cuál razón lo has hecho? ¿Sientes algún tipo de culpa? Suelta ese peso.

Tú puedes poner límites saludables si estás consciente de cuáles son tus responsabilidades. Como persona autónoma estás en todo tu derecho de cuidar a tus hijos, tu familia, tu hogar, el medio ambiente, tu trabajo, es decir, puedes responsabilizarte de todo aquello que está bajo tu control, pero hasta cierto límite, aprende a no llevar cargas que no necesitas y menos que no te pertenecen, de otra manera estarás perjudicando tu vida.

Es por eso que el primer reto de este libro será que distingas de qué eres responsable y de qué no. Es el momento de que realices una evaluación y lo identifiques. Puedes escribir aquí tus reflexiones:

Soy responsable de:	Soy responsable de:
1.	1.
2.	2.
3.	3.
4.	4.
5.	5.

«La clave es tomar responsabilidad de iniciativa, decidir de qué trata tu vida y priorizarla alrededor de las cosas más importantes». Esta frase es de Stephen Covey y me encanta por el significado que encierra. Quiere decir que cada vez que asumas alguna responsabilidad, piensa si responde a alguna de tus prioridades. Si no es así puede que estés encargándote de cosas que no son lo suficientemente importantes, que no están bajo tu control o que no te corresponden.

Esto significa que más allá de todo lo que te rodea, de las situaciones cotidianas de la vida, estás tú. Hoy puedes dejar de lamentarte y de creerte una víctima. Hazte responsable de lo que sí importa y te beneficie, sé intencional en tus decisiones y transforma tu vida.

TOMA EL CONTROL DE TU VIDA Y HAZ LOS CAMBIOS NECESARIOS

¿Cuántas veces has querido lograr grandes resultados, pero sin asumir el sacrificio que amerita?

_____

_____

_____

Responsabilízate

¿En qué área de tu vida necesitas tomar responsabilidad?
_____
_____
_____

¿En cuál área estás evadiendo hacerte cargo?
_____
_____
_____

¿Crees que lograrás lo que deseas manteniendo tus actitudes y comportamientos actuales?
_____
_____
_____

¿De qué manera positiva cambiaría tu vida si te hicieras responsable de ella?
_____
_____
_____

¿Qué pequeños cambios puedes implementar hoy para mejorar tu vida?

_____
_____
_____

Si de verdad quieres lograr grandes cambios en tu vida y la quieres transformar, entonces, concientiza estar comprometido con tus deseos. Si realmente anhelas algo y es importante para ti, encárgate de ello. Trabaja con dedicación, esfuerzo y toma el control. Para hacerlo, sigue estos infalibles ocho pasos:

1. **Responsabilízate por tus decisiones y acciones.** ¿Hasta cuándo le vas a echar la culpa a los demás por temas que están en realidad bajo tu control? Un día se te acabarán los culpables y las excusas y tendrás que hacerte responsable por tu vida. Hoy es un buen día para romper con ese hábito que no te trae nada bueno.
2. **Decide terminar lo que comienzas**. Cuando inicias algo asumes un compromiso, en especial, contigo mismo. Si consideras que aquello que comienzas es por tu bienestar o por tu provecho, persevera. No importa cuáles sean los retos y los obstáculos que enfrentes, tú puedes terminar

lo que comienzas. Recuerda que el primer y principal defraudado por tu actitud serás tú. El empresario William Clement Stone una vez afirmó: «Hay poca diferencia en las personas, pero esa pequeña diferencia hace una gran diferencia. La pequeña diferencia es la actitud. La gran diferencia es si es positivo o negativo». Y es que la actitud determina la persona en la que te conviertes, si fracasas o eres exitoso. Si el proyecto que iniciaste se termina o no. Para ser considerado una persona responsable, es fundamental que termines lo que comienzas y para esto se requiere que te comprometas y adoptes una actitud positiva ante cada decisión.

3. **Pierde el miedo y corre el riesgo.** Una vez más, deshazte de cualquier temor y cumple tus promesas. No te quedes a medias. Atrévete y hazte responsable de tus sueños, éxito y felicidad. Si tú no lo haces, créeme que nadie lo hará por ti.

4. **No te engañes ni te justifiques con cualquier pretexto**. Enfrenta la realidad de tu existencia y acepta tus errores. Todos nos podemos equivocar, pero responsabilizar a otros de conductas propias sencillamente es un acto inmaduro. Asume que eres el dueño de tus acciones y de las consecuencias.

5. **Sé consciente de tus decisiones**. Cuando te encargas de tu bienestar, puedes distinguir cuáles son esas elecciones que te pueden estar llevando por el rumbo equivocado. Por ejemplo, si estás rodeándote de gente tóxica y que difícilmente te sumen valor, lo mejor que puedes hacer es alejarte. Decide buscar personas que te inspiren a seguir avanzando y a convertirte cada día en tu mejor versión. ¡Rodéate de gente vitamina!

6. **Sé realista y honesto. Reconoce tus límites**. Muchas veces no puedes cumplir contigo mismo o con los demás por falta de sinceridad. Sé bien que muchas personas llevan a cuestas más cargas de las que pueden soportar porque han agregado más actividades, obligaciones o diligencias que no pueden manejar. Esto es frustrante. Entonces no dudes en reconocer cuando no puedes hacer algo. Además, recuerda que siempre debes poner límites y no permitir que los otros se aprovechen de ti. Aprende a decir que no y a delegar.

7. **No presumas.** Sé también de personas que les encanta aparentar tener una vida perfecta o que no hay nada que no puedan sobrellevar. Con esta actitud se escudan en una coraza para no revelar inseguridades, miedos o temores. Nadie es perfecto, todos somos seres humanos y asumir

que todo lo puedes, origina más bien que lleves pesadas cargas emocionales, incluso de otros y no propias.

8. **Asume la responsabilidad emocional, física y mental**. Tú eres responsable de ti y de tus emociones. Al concientizar que tus emociones dependen de ti, puedes aprender a manejarlas mejor y hacer un buen uso de ellas. Asimismo, ten conciencia de tu salud. No abuses de lo maravilloso que es tu organismo. Ofrécele los mejores nutrientes, haz ejercicio, hidrátate y descansa. Tu cuerpo te lo agradecerá. Por último, y no menos importante, recuerda cuidar la calidad de tus pensamientos. Tu vida, todo aquello que has construido, alguna vez lo imaginaste y por eso se hizo realidad.

La responsabilidad es una obligación individual de cada ser humano, es un deber que tú tienes como persona. Tu transformación personal comienza con la asunción de tus responsabilidades. Esta primera **R** es el paso inicial para cambiar tu vida. Sigmund Freud una vez señaló: «La mayoría de la gente no quiere la libertad realmente, porque la libertad implica responsabilidad, y la mayoría de las personas tienen miedo de la responsabilidad». No obstante, en tus manos está gozar de esa libertad.

Todos los días puedes ser una persona responsable, por muy pequeño que sea el paso que des, se trata de una victoria personal. Cuando te responsabilices por lo que te corresponde, verás que los cambios se empezarán a materializar. Además, con las otras R que tratamos en este libro, esa transformación será mucho más trascendental. Continuemos este camino.

PRIMERA PRÁCTICA: ASUMIENDO LA PRIMERA R

Este primer ejercicio se enfoca en que te responsabilices por tu vida. Para ello, quiero invitarte a que reflexiones sobre tus errores y desaciertos (esos de los que aún no aprendes), así como a identificar esas áreas en las que has sido y sigues siendo negligente y necesitan de tu atención. Reflexiona sobre ello y luego responde:

¿Qué significa asumir la responsabilidad de tu vida?
_____
_____
_____

¿Cuáles son los beneficios que traerá a tu vida el hecho de ser responsable?
_____
_____
_____

¿Cuáles son algunas de las consecuencias de la irresponsabilidad? Menciona por lo menos tres:

1. _____
2. _____
3. _____

¿Cuáles son las ocho formas con las que puedes hacerte responsable de tus decisiones y acciones?

1. _____
2. _____
3. _____
4. _____
5. _____
6. _____
7. _____
8. _____

¿Te consideras una persona responsable o irresponsable? Descríbete.

_____
_____
_____

¿Qué características tiene una persona responsable?

_____

_____

_____

¡Empieza hoy mismo a tomar el control de tu vida y transfórmala!

Capítulo 2
Renuncia

«Cuando renuncies a algo
asegúrate de que es
para construir algo mejor».
Celinés Colón

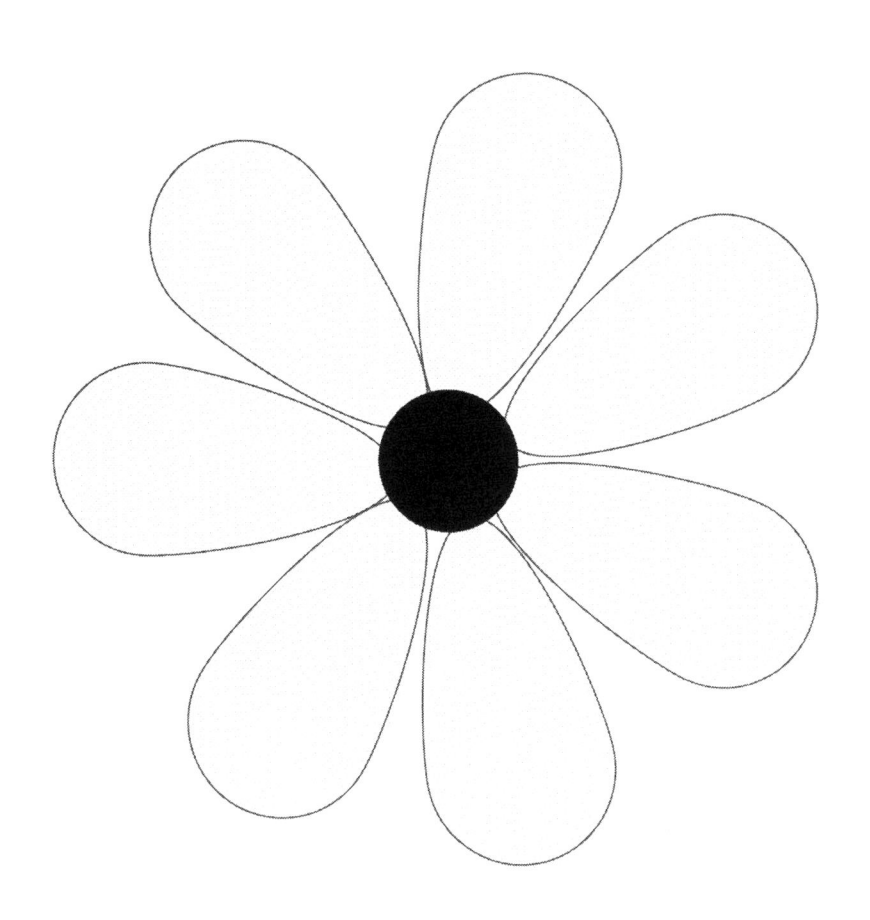

Si quieres gozar de una vida plena y vivir tus sueños, entonces, considera renunciar a todo aquello que te impide avanzar, lacere tu autoestima, limite tu potencial y quite tu paz mental, sea persona, lugar o situación. Permíteme preguntarte:

- ¿Qué es aquello que te limita a alcanzar tus sueños?
- ¿Qué te entristece?
- ¿Qué te impide ser feliz?
- ¿Qué serías capaz de hacer para superar cada uno de esos obstáculos que te imposibilitan convertirte en esa persona exitosa con la que sueñas ser?
- ¿Podrías responder a estas preguntas?

En mi caso personal, llegó un momento en mi vida en el que tuve que hacerme esos mismos cuestionamientos y tomar decisiones serias. Fueron tiempos en los que decidí renunciar a trabajos y relaciones no muy saludables para resguardar mi bienestar y seguir adelante. Sí, he tenido que cuidar de mí misma y eso lo he hecho sobre la base de profundas reflexiones que me han impulsado a tomar decisiones trascendentales. Una de ellas fue cuando renuncié a un trabajo muy bien remunerado que tenía en el sector de ventas corporativas.

Si bien gozaba de un sueldo muy competitivo y otra serie de beneficios que cualquier persona desearía, con el tiempo entendí que el precio que estaba pagando era muy alto.

En ese trabajo tenía un jefe iracundo que no sabía sino gritar. Me generaba muchísimo estrés por su mal comportamiento y eso empezó a afectar mi salud. Lamentablemente, él no sabía liderar, no era empático, no conectaba muy bien con las personas y no sentía compasión por nadie. A pesar de ello, logré destacarme dentro de esa empresa como una de las mejores dentro del 10 % en ventas, retención y servicio al cliente, pero su conducta tóxica invadió todo el entorno y me hacía daño trabajar bajo su mando. A pesar de las múltiples quejas que también otros colegas hicieron sobre su comportamiento él seguía con sus actitudes inaceptables y mal carácter. Yo entendí en ese momento, que la clave para dejar atrás lo que me estaba haciendo daño era renunciar a ese trabajo, aunque lo necesitara. De este modo le estaba poniendo punto final a lo que no me estaba permitiendo crecer como persona y como profesional. En fin, decidí renunciar a la vida que tenía para ir en busca de una mejor.

Desde este punto de vista, la renuncia se puede entender como un acto liberador. Funciona para dejar atrás todo lo que te haga daño y te afecte en lo personal, laboral o espiritual. Es decir, se trata de una renuncia voluntaria. Cuando decides jugar esa carta lo haces por tu propio bien y eso significa dejar atrás desde lugares de trabajo tóxicos hasta relaciones, vicios o estilos de vida no saludables. Son decisiones certeras porque te permiten alejarte de cualquier situación que esté en contra de tu bienestar integral.

En aquel entonces yo pude vestirme de paciencia, coraje y fuerza de voluntad para dejar ese trabajo, pero sé bien que a muchas personas les cuesta ser tan tajantes. Pueden permanecer por años trabajando en un lugar tóxico, en donde no hay un ambiente de crecimiento, solo porque necesitan generar ingresos para cumplir con sus responsabilidades. No obstante, todas esas personas —entre las cuales puedes estar tú— deben concientizar que un ambiente laboral poco satisfactorio puede hacer mucho daño, ya que no solo puede limitar el potencial y crecimiento de una persona, sino que también puede dañar la salud y el bienestar.

Cuando hay líderes autoritarios, irrespetuosos, que no se comunican asertivamente, no saben regular sus emociones y que continuamente amenazan e infunden miedo entre las personas, el ambiente laboral se torna muy pesado. Esa toxicidad produce que no haya ningún sentido de pertenencia de los trabajadores con las empresas; que las personas estén desmotivadas y existan muchas quejas. En estos lugares, lo normal es que aparezcan los conflictos, los problemas de comunicación, las relaciones disfuncionales, los altos niveles de estrés y ansiedad, la rotación, el ausentismo y, en general, una mala actitud dentro de los equipos.

Yo no pude tolerar más ese trabajo porque mi salud se estaba afectando y además porque sabía que yo tenía mucho valor para aguantar situaciones de este tipo. Si bien para aquel entonces era madre soltera y tenía muchas responsabilidades, renuncié de manera voluntaria. No tenía sentido para mí continuar porque mi trabajo me estaba limitando, me entristecía, no podía gozar verdaderamente de sus frutos porque no era feliz.

Cada vez que me levantaba lo hacía frustrada porque sabía que tenía que lidiar con ese jefe tóxico y con situaciones absurdas que no merecía. Tuve que poner en una balanza ese trabajo y sus beneficios, y en contrapeso, mi salud y mi bienestar. Cuando decidí retirarme, sabía que perdería momentáneamente una serie de beneficios, pero mi salud no seguiría mermándose. En esa balanza, había algo que pesaba más.

> A veces es necesario escuchar a otras personas para tomar decisiones que en nuestro interior negamos reconocer.

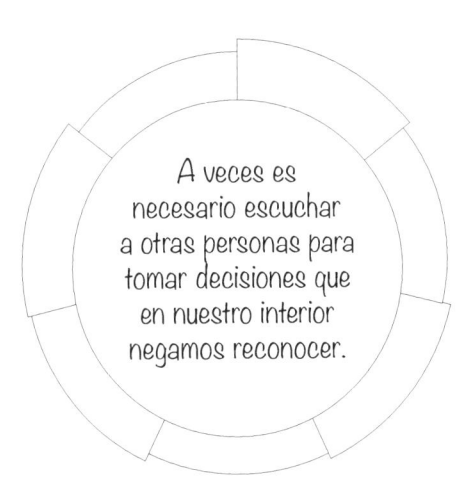

No puedo negarte que confié en mí, en mis capacidades y talentos, así como en el plan de Dios para mi vida. Desde mi visión particular, tener fe y convicciones fue fundamental. Recuerdo que mi hija y yo teníamos por costumbre orar cada mañana. Un día debido a mi situación, buscando confirmación, le pedí a mi hija que le preguntara a Dios si debía continuar con ese trabajo, mi hija muy sabiamente me respondió: «¡Mami!, ¿qué otra señal necesitas para saber que Dios no te quiere en ese trabajo, si hasta tu salud está siendo afectada?». A veces es necesario escuchar a otras personas para tomar decisiones que en nuestro interior negamos reconocer. Sin embargo, sé que muchas veces el miedo paraliza y no permite tomar una decisión tan trascendental, en especial, cuando hay mucho en riesgo, pero si te das la oportunidad, seguramente ganarás mucho más en el futuro de lo que pudieras perder.

SUELTA TODO ESO QUE TE ATA Y FLUYE CON GOZO

Si tuvieras la oportunidad de abandonar hoy a esa persona o lugar tóxico, ¿qué crees que ocurrirá en tu vida? ¡Entrará la luz! Tu camino se iluminará porque hallarás paz mental y con ese sentimiento es mucho más fácil atraer las cosas buenas que necesita tu vida. Date la oportunidad de hacerlo. Es lamentable que por miedo a lo desconocido prefieras mantener relaciones laborales o personales que te lastiman y no te permiten sacar lo mejor de ti como persona.

Desde mi visión, muchas veces es mejor abandonar la lucha y comenzar una nueva, en otras palabras, es mejor cerrar un capítulo y comenzar una nueva historia. Luego de haber dado un paso de fe y renunciado a ese ambiente de trabajo desagradable, llegó una nueva oportunidad laboral. La misma era también en el sector de las ventas, pero era menos estresante y con mis años de experiencia pude ser más productiva y se me hacía mucho más fácil completar mi cuota diaria en ventas. Al final, conseguí duplicar mis entradas de ingresos, ascendí a otro nivel y en definitiva era mucho más feliz en comparación al trabajo anterior.

Hay una frase de Havelock Ellis que dice: «El arte de vivir implica saber cuándo aferrarse y cuándo dejar ir». Esta frase hace referencia de que a veces es mejor soltar y transitar otro camino con la confianza de que algo mejor nos espera más adelante. Por algo dicen que cuando una puerta se cierra, otras se abren. Yo creo ciegamente en eso. ¿Y tú?

PONLE PAUSA A LA MÚSICA

Existen otro tipo de renuncias que te obligan a hacer una pausa y detener la vida que has venido llevando. En efecto, en el año 2020, el mundo entero se vio forzado a detenerse. La pandemia por el covid-19 hizo que todos, de alguna u otra manera, detuviéramos nuestro estilo de vida para resguardar nuestra salud.

Vivimos aislados unos de otros para evitar contagiarnos del virus. Muchos no salimos de casa durante largos meses y, literalmente, tuvimos que renunciar a las comodidades que llevábamos para no enfermarnos. Poner esa pausa era la mejor de las decisiones en medio de una pandemia que nunca imaginamos que viviríamos en el siglo XXI. Claro, si bien esto puede tratarse de un ejemplo extremo, lo que te quiero enseñar es que existen renuncias que si bien no las queremos, debemos hacerlas solo por un tiempo. Existen situaciones en nuestras vidas que van a requerir de una pausa, es un tiempo que nos va a ayudar a reflexionar, a analizar y a cambiar aquellas áreas que pudieran estar afectándonos.

Puedes verlo como cuando le pones pausa a esa canción que tanto te gusta cantar. Algo te ha interrumpido y necesitas enfocarte en otra actividad. Sabes que luego podrás retomar esa canción para poder cantar —y hasta bailar— como a ti te gusta. De eso se tratan las renuncias temporales.

Eso fue lo que me pasó cuando salí embarazada. Tenía un buen trabajo en el sector bancario, en el cual me destacaba profesionalmente y que me permitía además asistir a mis clases en la universidad. No obstante, cuando quedé en estado, mi embarazo se convirtió en alto riesgo y tuve que poner en pausa todas mis actividades habituales.

Mis médicos detectaron que en mi pierna izquierda se había formado un coágulo de sangre y era necesario que tomase un reposo absoluto si quería preservar mi vida y la de mi bebé. Así lo hice. Con pesar, tuve que renunciar temporalmente a mi trabajo, posponer mis estudios universitarios y no hacer ninguna actividad que pudiese representar un riesgo hasta que culminase mi embarazo y transcurriesen otros seis meses luego del nacimiento de mi hija.

Esa renuncia la hice por mi salud. Se trató de algo temporal, lo cual no significó que abandonase mis sueños. Fue un acto necesario para preservar y resguardar mi bienestar como persona. Por supuesto, mi enfermedad fue un hecho que me tomó por sorpresa y no la escogí. Eso puso en pausa todas mis actividades y solo cuando mi salud no estuvo comprometida pude volver a mis labores diarias.

Este tipo de renuncias te verás obligado a hacerlas en algún momento de tu vida, pero bajo ningún concepto significa olvidarse de los sueños personales, de las ambiciones y metas. Si lo haces, eso significaría escoger el camino de la frustración y de la amargura.

¿A QUÉ CREES QUE DEBES RENUNCIAR?

Luego de leer estas páginas, quisiera nuevamente hacerte las preguntas que te hice al inicio de este capítulo:

- ¿A qué tienes que renunciar hoy para ser feliz?
- ¿A cuál lugar o persona tóxica?
- ¿A cuáles situaciones y hábitos dañinos?

Hoy puedes identificar y reconocer que hay muchas cosas que te atan y de las que incluso no has estado consciente, pero que han estado lastimándote, destruyéndote y amargándote la existencia.

Concientiza que si en la actualidad toleras una serie de situaciones frustrantes, ha sido porque no has tomado la firme decisión de alejarte. Yo entiendo que a veces pesa más la costumbre y el miedo. No obstante, ¿por qué seguir aguantando estos hechos si van en contra de ti? Desde mi punto de vista, cada vez hay más gente disgustada y frustrada porque toleran comportamientos y humillaciones en trabajos que lejos de ser estimulantes, son tóxicos y dañinos; porque están rodeados de personas que no suman nada para sus vidas; o bien porque se acostumbraron a un estilo de vida perjudicial que no les aporta un bienestar integral.

Si todo esto resuena contigo, es momento de reflexionar. Concientiza qué quieres para tu vida y sobre esta base evalúa qué estás haciendo para alcanzar eso que quieres. La mejor manera de renunciar a todo aquello que te hace daño es haciendo una pausa e indagando dentro de ti. Un excelente ejercicio para ello es responder las siguientes preguntas de reflexión:

Renuncia

¿Qué me hace feliz e infeliz?
_____
_____
_____

¿Qué me alegra y me entristece?
_____
_____
_____

¿Qué me da paz o me la quita?
_____
_____
_____

¿Quiénes suman o restan a mi vida?
_____
_____
_____

Sé bien que reconocer aquello que te hace daño no es fácil. Muchas veces se trata de personas con las cuales estamos unidos por vínculos sanguíneos o con las que llevamos relacionados por muchos años. Por ejemplo, ¿cuántas personas sufren por la relación que llevan con su propia madre, padre, hijos o hermanos?

¡Innumerables! Ahora bien, ese lazo consanguíneo tú no lo escogiste, son un regalo de Dios. Por ende, debemos amarlos, sin olvidar poner nuestros límites para que nuestras relaciones no se afecten. ¿Por qué es importante aprender a poner esos límites? Sencillo, es la única manera que tenemos como personas para canalizar nuestra energía positiva hacia las cosas buenas de nuestra vida y no priorizar las necesidades de los demás sobre las nuestras. De este modo, no sentiremos ningún tipo de culpa si no accedemos a alguna petición, tampoco nos dejaremos afectar por comentarios o críticas nocivas.

De lo contrario, si siempre estás dispuesto a posponer tus deseos para complacer a los demás o si crees que las opiniones de los otros tienen más valor que las tuyas, llegará el día en que te sientas no solo decepcionado, sino que sentirás tanta amargura que esta se trasformará en raíces que arroparán tu corazón y se apoderarán de todo tu ser. ¿Eso es lo que quieres para ti?

RAZONES PARA RENUNCIAR

Así como hacen las enredaderas, esas plantas llamativas que crecen velozmente y suelen invadir espacios, así mismo, lo que es tóxico termina por ser invasivo y puede afectar todo tu ser muy rápidamente. Por esto es que hay que saber renunciar a tiempo.

Por lo general, las personas que se estiman a sí mismas son las que deciden renunciar rápidamente. Se trata de personas que están conscientes de su valor y potencial, por lo cual no quieren desperdiciar uno de los mayores tesoros que tenemos los seres humanos: el tiempo. En la mayoría de las situaciones, influye el que no se sientan reconocidas, valoradas y estimadas. De hecho, hay estadísticas laborales que señalan que una de las principales razones por las cuales un alto porcentaje de personas abandonan sus puestos de trabajo es porque no se les reconoce el gran valor que tienen, bien sea por sus capacidades, talentos o aportes dentro de las empresas a la cuales brindaban sus servicios. Cuando en realidad las personas deberían renunciar a sus trabajos por nuevas oportunidades de desarrollo, un mejor salario o aspirar a un futuro mejor.

Hay quienes al no ver oportunidades de crecimiento en una empresa, deciden planear su salida y buscar otros destinos. Por otro lado, la insatisfacción con el liderazgo, la falta de dirección profesional y los jefes inadecuados también ahuyentan a la gente. ¿En cuántos de tus trabajos has tenido jefes que humillan a sus empleados? Lamentablemente, los jefes imponentes abundan y es por ello que siempre escuchamos historias de maltrato laboral. No obstante, hay ocasiones en las que el personal se insubordina y puede ejercer acciones en menoscabo de ese superior. Recuerdo varios casos en que los miembros de algunos equipos de trabajo, cansados de las humillaciones y de la poca apreciación por parte de sus jefes, renunciaron en pleno y fue eso lo que prendió las alarmas de la oficina de recursos humanos de la empresa. Por algo se dice que «los empleados no renuncian a las empresas, sino a los malos jefes».

Ahora bien, más allá de lo laboral, ¿qué ocurre en materia personal? Hablemos de las rupturas amorosas. Las personas renuncian a sus relaciones porque pierden el respeto por el otro, por la falta de comunicación efectiva, valoración o porque alguno de los dos tiene actitudes inaceptables. Es así como uno de los miembros de la pareja —incluso ambos— se cansan de soportar malos comportamientos, constantes errores por parte del otro y sus malas decisiones. En lo particular, conozco muchas mujeres que son el soporte principal económico de su hogar y sencillamente se hartan de la holgazanería o inestabilidad laboral de sus parejas. Cuando llega ese punto, no hay vuelta atrás.

A veces, incluso nos vemos obligados a renunciar a relaciones amistosas. Tenemos amigos o conocidos de los cuales nos alejamos porque nos damos cuenta de que no suman a nuestras vidas, más bien nos restan. Sus críticas, sus quejas, sus comportamientos inaceptables y forma de ver la vida se tornan tan pesados que lo mejor es cortar por lo sano. Eso también es válido. Recuerda que no tienes por qué seguir tolerando nada que te limite, sabotee y entorpezca tu camino, tu crecimiento personal e incluso tu felicidad.

Lao-tsé dijo alguna vez que «el sabio no enseña con palabras, sino con actos». Considera entonces que la única renuncia que te puedes permitir es cuando se trata de un acto de sabiduría que debes hacer por tu bien. Como ser humano, gozas de libre albedrío y de la sabiduría infinita para elegir aquello que te hace bien y que te ayuda a crecer como persona.

Ahora bien, si sabes que debes renunciar a algo que te hace daño, no pospongas más esa decisión. Eso sí, puedes analizar e identificar la razón por lo cual lo estás haciendo. Ten en cuenta los siguientes cuatro motivos, ya que pueden ser los más válidos para querer renunciar:

- **Para resguardar tu salud.** Cuando renuncié al trabajo tóxico lo hice porque me afectaba mi ser y mi salud. Ahora bien, gracias a esa renuncia voluntaria, pude conseguir una mejor oportunidad. Es por esta razón que me quedó muy claro que si trabajas en un ambiente laboral desagradable en donde no hay crecimiento tanto en lo personal como en lo profesional, lo mejor que puedes hacer es renunciar, pero antes de tomar esa decisión, es imprescindible prepararse para dar ese paso, planear tu salida y poner en marcha estrategias que te permitan encontrar, o crear, un trabajo en donde seas más feliz.

- **Para liberarte.** Aleksandra Ninkovic una vez afirmó: «Cuando les das libertad a los demás, cuando dejas ir, recuperas tu libertad». En otras palabras, cuando sueltas algo pesado, te sientes ligero y con más energía para seguir progresando. Imagina que abordas un globo aerostático, pero te dicen que para despegar debes despojarte de la mitad de las pertenencias que llevas en tu mochila. ¿Vas a perder esa maravillosa oportunidad solo por aferrarte a cargas pesadas que quizás ya no te pertenecen? Entonces, cuando renuncias a cualquier situación que te limita, estás liberándote del dolor que llevas dentro y de las cargas que arrastran todo tu ser. Es sencillamente un acto emancipador. Ahora piensa, ¿qué cargas del pasado o de tu presente tienes que soltar para poder seguir avanzando en la vida? Probablemente tengas que soltar todo lo que te preocupa y aquellos sentimientos de culpa, odio, resentimiento, envidia, celos y orgullo, si es que quieres ser libre. No permitas que las cargas de tu vida te impidan vivirla.

- **Para no tropezar con la misma piedra**. Con la suficiente intención y voluntad puedes dejar atrás aquellas situaciones asfixiantes, relaciones y entornos no saludables. Si te sientes tentado a volver a algo similar o eres propenso a atraer personas que no agregan nada a tu vida, recuerda que si dejaste ir algo, fue porque no funcionó desde el principio, entonces, no regreses porque no cambiará. Lo mejor es continuar enfocado en el futuro, saber que en el horizonte están las nuevas oportunidades.

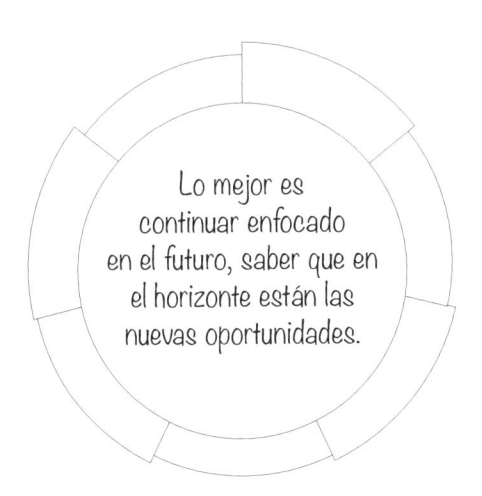

> Lo mejor es continuar enfocado en el futuro, saber que en el horizonte están las nuevas oportunidades.

- **Para despedirte**. Desde mi visión particular, despedirse es como la frase que dice: «La vida es como un río, no puedes tocar la misma agua dos veces», lo que significa que una vez que algo pasa no debes volver atrás. Cuando nos despedimos eso nos brinda la oportunidad de tocar y alcanzar aquello que la vida nos quiere regalar, no debes quedarte atrás con lo que pasó, no te detengas a pensar lo que pudo pasar, deja correr el agua para que puedas continuar.

EN BUSCA DE LA FELICIDAD

No es exagerado decir que una buena parte de nuestro bienestar depende de saber renunciar. Desde este punto de vista, la renuncia se transforma en un acto consciente e incluso necesario para que alcances la felicidad, ese estado del ser en el que estás verdaderamente satisfecho con lo que has alcanzado y aun así sigues trabajando con ánimo porque sabes que las metas y los objetivos se renuevan constantemente.

La fórmula, desde este punto de vista, es sencilla: para ser feliz es necesario alejarse de todo aquello que no sea favorable para nuestras vidas. Ahora bien, ¿cómo hacerlo? Hay varias vías. Una de ellas es no pretender controlarlo todo. Muchas veces puedes caer en el error de creer que absolutamente todo depende de ti y que está en tus manos resolverlo, pero hay momentos en los que debes aceptar que existen situaciones que no puedes controlar y que son más comunes de lo que puedas imaginar.

Un significativo evento me recordó que muchas veces la vida nos pone en estas inesperadas situaciones.

En el año 2013, hice una inversión en bienes raíces con mucha ilusión de un hermoso condominio en la ciudad de Chicago, lamentablemente, dos años después de haberlo comprado, viví una pesadilla a causa de la mala intención de un vecino. Esta persona, que vivía justo en el piso superior, tenía muchas deudas con la asociación del condominio, no pagaba sus cuotas y al final fue desalojado. Él, en venganza, dejó abiertas todas las llaves de agua de su condominio, lo cual ocasionó no solo una inundación, sino grandes daños estructurales al techo, pisos y paredes de mi vivienda.

Como te imaginarás, toda mi casa se inundó. Ese evento me afectó y me produjo tanto estrés que estuve a punto de colapsar. Tuve que mudarme por más de noventa días a un hotel mientras remediaban todos los daños, a pesar de que el seguro de la casa cubrió la mayoría de los desperfectos, tuve que sufragar los gastos extras porque nadie se hizo responsable. Fue una inversión que me vi en la obligación de asumir si quería hacer las reparaciones necesarias en mi hogar. Sentía tanta frustración y molestia por todo lo que estaba sucediendo, que tomé la sana decisión de soltar y poner todo en manos de Dios. Me vi en la necesidad de dejar de controlar lo que estaba pasando y no buscar más culpables. Solo de ese modo pude retomar mi vida, mis actividades y mi buen estado de ánimo. Si no lo hacía de esta manera, me hubiese enfermado a causa de tanto estrés e impotencia. Seguramente, tú también alguna vez en tu vida viviste un hecho que te disgustó muchísimo y que te hizo sentir impotente. ¿Podrías recordar cómo actuaste? ¿Cómo te sentiste? ¿Cómo lo manejaste?

Ahora bien, no son solamente los eventos los que no podemos controlar, sino también aquellas situaciones que se nos presentan a lo largo de nuestras vidas con personas en donde tampoco tenemos el control, porque cada quien tiene su propio albedrío y hace sus propias elecciones, por lo cual es absurdo pretender controlar los deseos y acciones de otros. Cuando entendamos que solo somos capaces de controlarnos a nosotros mismos, es decir, nuestros pensamientos, emociones y acciones, seremos mucho más felices y estaremos más en paz.

Sin embargo, esa felicidad y paz mental de las que te hablo no son inalcanzables. Las podrás sentir al entender primero que el acto de renunciar a lo que te hace daño también implica limitar al máximo la autocrítica constante, las creencias limitantes, las quejas, las culpas y ese miedo que tienes al qué dirán, es decir, a las opiniones de los demás. Todo esto redunda en el amor propio y en el autoconocimiento.

En mi libro *La llave al éxito* abordo con la suficiente amplitud la importancia de amarte a ti mismo y confiar en tus talentos y capacidades para alcanzar tus metas. Allí explico que tu vida es lo que tú decides hacer con ella. Por eso, si decides conscientemente cambiarla y transformarla, lo podrás hacer, pero si te sumerges en la negatividad y no eres intencional, seguirás viviendo a la deriva. Así no podrás cambiar tu destino y tampoco alcanzarás ese éxito con el que tanto sueñas.

LA RELACIÓN ENTRE LA RENUNCIA Y EL ÉXITO

> El éxito es un hermoso proceso de constante construcción, transformación y crecimiento personal.

El éxito es un hermoso proceso de constante construcción, transformación y crecimiento personal. No se trata de un lugar al cual debas llegar, es un transitar al que se le vinculan varias emociones, como son: la satisfacción, el gozo y la felicidad. El éxito no tiene un punto final, es algo por lo cual tienes que trabajar todos los días para alcanzarlo y mantenerlo. Por eso, cuando alcanzas una meta, sigues trabajando por otra más grande.

En ese proceso de construcción del éxito, habrá momentos en los cuales deberás tomar la firme decisión de abandonar aquellas actividades, conductas y comportamientos que no te estén favoreciendo. Son renuncias que puedes decidir hoy mismo, ya que, de algún modo u otro, implican beneficios reales para tu vida. Se trata de:

1. RENUNCIAR A UN ESTILO DE VIDA POCO SALUDABLE

Solo al ser intencional podrás transformar aquellos hábitos o costumbres dañinas por otras que aporten más bienestar y salud para tu vida y que, al mismo tiempo, otorguen un equilibrio fundamental para tu existencia. Si adoptas buenos hábitos, ayudarás a tu organismo a funcionar de la mejor manera, por lo cual te sentirás mejor, tendrás más energía, experimentarás más estima por ti mismo y estarás más orgulloso de ti.

Sé que muchas veces no cambiamos nuestros hábitos porque simplemente estamos acostumbrados a vivir de una manera determinada, solo que eso, a la larga, puede traernos problemas y complicaciones de salud. Hoy día entendemos que vivimos en una era tecnológica y dependemos en gran medida del celular, es casi imposible despegarse de él. No obstante, el uso de dispositivos electrónicos en exceso nos puede conllevar a riesgos y consecuencias graves para nuestra salud física, mental y relacional. Algunas de las consecuencias físicas y mentales son insomnio, dolor de cabeza, aumento de estrés, entre otras. A nivel relacional podemos observar cómo dentro de las familias el uso excesivo del celular fomenta la desconexión entre las personas, ya que se pierde el enfoque, el valor, el amor y el tiempo de calidad en familia. Si esta es tu situación, ¿qué esperas entonces para ponerte en acción? Renuncia al uso exagerado del celular y no sigas ignorando las alarmas de alerta de tu organismo y las necesidades relacionales que tienes como ser humano. Ten presente esta frase de Prem Jagyasi: «A menos que decidas conscientemente dejar ir, las cosas desagradables seguirán persiguiéndote».

Por otro lado, la renuncia significa limitar y evitar todo lo que te envenena, lo cual incluye lo que le hace daño a tu ser u organismo. Los vicios, como por ejemplo el alcohol y el cigarrillo, no aportan nada bueno a tu salud. Acepta su naturaleza dañina. Si te refugias en ellos, probablemente necesitas sanar internamente una serie de hechos o situaciones que pueden estar lastimándote. Distingue lo que en realidad te hace daño para que puedas sanar y si es necesario busca ayuda profesional.

2. RENUNCIAR A LAS SOLUCIONES MÁGICAS

Nada surge por arte de magia ni por accidente. Cualquier tarea que debas hacer no se completará por sí sola. Imagina la limpieza de tu casa, si alguien no se hace cargo, te aseguro que el polvo se acumulará, la basura no desaparecerá y los platos no se lavarán solos. Por supuesto, puedes contratar a alguien que realice las labores domésticas necesarias, pero hay otras tareas que solo dependen de tu esfuerzo y dedicación. Cada quien debe velar por lo suyo.

Si tienes un problema en tu negocio, por ejemplo, debes primero identificar la naturaleza del conflicto o su raíz y luego buscar las soluciones necesarias. Con la información adecuada podrás tener una perspectiva mucho más amplia y así encontrar los pasos adecuados para solventar lo que esté ocurriendo. Así es como se encontrará la solución. Pero si crees que por inercia las cosas van a cambiar, estás muy equivocado y con esa actitud solo conseguirás que los problemas se acumulen y se multipliquen.

3. RENUNCIAR A LA PROCRASTINACIÓN

La procrastinación es el mal hábito de retrasar las actividades que se deben hacer con urgencia y en el mismo momento que surgen. Muchos prefieren hacer lo que sea más fácil o divertido, pero que no aporta algún tipo de beneficio en la consecución de sus metas. En mi libro *La llave al éxito*[2] resalto la importancia de evitar este mal hábito, para lo cual es vital organizarse por medio de un plan de acción que te ayude a ordenar tu vida y en el cual puedas identificar una serie de acciones diarias según tus prioridades. Esto te ayudará a hacer un uso eficiente de tus recursos y no desperdiciar más tiempo y energía en asuntos banales y sin importancia.

4. RENUNCIAR AL PERFECCIONISMO

La palabra perfección viene del latín *perfectio* y significa lo que alcanza el mayor grado de excelencia. No obstante, si te obsesionas con la perfección no obtendrás ningún resultado porque nunca avanzarás lo suficiente. Conozco a una persona que nunca entregaba a tiempo sus asignaciones laborales porque consideraba que no

---

[2] Celinés Colón, *La llave del éxito,* (Venezuela: Editorial PanHouse, 2021).

estaban perfectas. Se obsesionaba con hacer no una, sino innumerables revisiones, una conducta que le trajo muchísimos problemas no solo con su equipo de trabajo, sino también con su jefe, porque atrasaba al resto.

Por supuesto, no se trata de que no hagas las cosas de la mejor manera posible, sino que las hagas también en el tiempo estipulado, con el profesionalismo, la dedicación y la excelencia necesaria para obtener buenos resultados. Lo que no se termina, no se puede llamar perfecto.

5. RENUNCIAR A LAS APARIENCIAS

Conozco muchas personas que se desviven por impresionar a los demás, pero paradójicamente dejan de hacer lo que de verdad necesitan para sentirse satisfechos consigo mismos. Actúan sobre la base de los demás y de lo que los otros esperan en busca de reconocimiento y admiración, pero lamentablemente no se valoran ni se estiman a sí mismos. Esas personas constantemente se comparan con otras porque viven desde el miedo de no ser suficientes y por ello necesitan aparentar. Es por ello que vemos tanta gente que invierte gran cantidad de sus ahorros en un lujoso coche, sin haberse preocupado por contar con un buen seguro médico, tener su casa propia o un plan de jubilación. Lamentablemente, a este tipo de personas la misma vida se encargará de demostrarles que las apariencias son simples máscaras y que maquillar su realidad no sirve de mucho.

6. RENUNCIAR AL PASADO

Deja atrás el pasado si quieres iniciar una nueva vida. Eso que ya viviste forma parte de tu existencia como una experiencia más, y si te hizo daño debes dejarlo atrás. No tiene sentido recordarlo una y otra vez, menos extrañarlo. Lo que sí puedes hacer es aprender. En fin, como lo dijo Johnnie Dent Jr.: «Deja atrás tu pasado, sé una presencia en tu presente y no dejes que nadie refute tu futuro».

Si has renunciado a una relación tóxica sentimental, no deberías volver con esa persona, porque puedes anticipar lo que te espera y el daño que te causará. Si has renunciado a un ambiente laboral perjudicial, de igual manera no deberías regresar. Gracias a tu experiencia sabes que hay empleos en los que te encontrarás con ciertos patrones, como los jefes maltratadores que debes evitar. Al aprender de tu pasado, ganas más sabiduría y reconoces de qué te tienes que alejar. Como dice

Shannon L. Alder, «Olvida lo que te dañó, pero nunca olvides lo que te enseñó».

> «Olvida lo que te dañó, pero nunca olvides lo que te enseñó».
> Shannon L. Alder

JAMÁS RENUNCIES A TUS SUEÑOS

En materia de sueños, lamentablemente renunciar es lo que la mayoría de las personas hacen cuando la vida les sacude y el camino se les pone difícil. Por lo contrario, yo como mujer de fe creo que si esperas, te mantienes firme en la acción y confías en Dios, podrás obtener la victoria que tanto anhelas. Date la oportunidad y por sobre todas las cosas, ¡persiste!

En este capítulo hemos explorado que si renuncias a las cosas equivocadas, se apagarán tus deseos de triunfar. Ese tipo de renuncias son las que laceran tu alma y te van mermando esa chispa divina que alimenta tus días porque le dan gozo a tu corazón. No te permitas entonces renunciar a tus sueños. Nunca es demasiado tarde para cumplirlos. La verdad es que los sueños siempre tienen cabida dentro de nosotros y si nos lo permitimos los podremos cumplir.

Así como puedes ejercer acciones para ser más exitoso y feliz, hay también fórmulas para alcanzar los sueños. Por supuesto, existen cinco actitudes que te alejan de ellos y son las siguientes:

1. NO SOÑAR EN GRANDE

Muchas personas no tienen hambre por sus sueños y no tienen visión. Si no crees en ti, así como dije en *La llave al éxito*, nada maravilloso podrá suceder. Solo cuando te das la oportunidad de conocerte y desarrollar tu potencial, ganas la seguridad y la autoconfianza que necesitas para lograr no solo tus sueños, sino tener unos más grandes. ¡Mantén tu visión, confía en el proceso y no te rindas!

2. QUERER HACERLO TODO

Aprende a delegar, confía y maximiza resultados. Una vez, al inicio de mis veinte años, ejercí el cargo de gerente de una empresa, pero no sabía dirigir de manera adecuada al equipo que tenía a mi cargo, probablemente porque era muy joven y me faltaba experiencia sobre cómo liderar. Además, para aquel entonces, era una persona muy perfeccionista, quería que todo quedara muy bien, me echaba toda la carga laboral encima cuando tenía gente con quien contar. Eso me desgastaba, me frustraba y limitaba no solo mi potencial, sino también el de los demás. De esa gran lección tuve que aprender.

3. CONFORMARSE CON POCO

El conformismo es una telaraña que si te atrapa, puede inmovilizarte. Por tanto, si eres de los conformistas no podrás crecer, porque pensarás que no puedes lograr más nada o que no eres merecedor de nuevas y mejores oportunidades.

4. DEJAR LA ZONA DE CONFORT

Quedarse en la zona de comodidad no te permitirá alcanzar tus sueños. Quienes se sienten seguros en su área de confort no tienen ningún tipo de iniciativa y no toman decisiones difíciles. Se sienten a gusto allí. Es así como dejan pasar las grandes oportunidades de la vida y más tarde se arrepienten.

5. NO LANZARTE A LUCHAR POR LO QUE VERDADERAMENTE IMPORTA

Cuando uno tiene un sueño debe lanzarse por él y trabajar hasta cumplirlo, esto no tiene por qué ser un imposible, solo necesitas fuerza de voluntad y perseverancia. Cuando no te lanzas a conquistar lo que más anhelas en tu corazón, es probable que tengas miedo a cometer errores, a equivocarte y a no tomar riesgos porque piensas que puedes perderlo todo. Sin embargo, vivir así, atrapado, no te permitirá vivir la vida que sueñas. Patrick Rothfuss, autor del libro *El temor de un hombre sabio*[3] (*The Wise Man's Fear*, en inglés) señala: «El secreto consiste en concentrarte en lo que estás haciendo. No debes mirar al suelo. No debes girar la cabeza. Debes olvidarte del mundo y confiar en que el mundo te devuelva el favor». Esto significa que si te enfocas en lo que quieres alcanzar, lo lograrás, pero si eres de los que te distraes fácilmente nunca podrás capitalizar nada porque siempre tendrás la mente en otro lugar. Entonces, la mejor manera de seguir hacia delante es concentrándote en el aquí y en el ahora, si te enfocas en situaciones y hechos banales, eso no te permitirá conseguir la vida que mereces.

En este punto, querido lector, quisiera preguntarte: ¿a qué tienes que renunciar ahora mismo para ser feliz,

---

[3] Patrick Rothfuss, *El temor de un hombre sabio,* (España: Plaza & Janes, 2011).

exitoso y vivir tus sueños? ¿Te atreverías a identificar y distinguir qué es lo que en este momento te está limitando o bloqueando?

Si se trata de alcanzar la felicidad, quizá necesites dejar atrás el pasado, no sentirte más culpable por hechos que escaparon de tus manos y olvidarte de las críticas de los demás. Puede que en tu trabajo necesites delegar, establecer un plan de acción y enfocarte en tus objetivos y metas. Por último, en materia de sueños, puedes recordar ese anhelo de tu alma que no te has atrevido a manifestar por miedo. Recuerda que tienes que transitar el camino para poder llegar al destino.

¡Identifica todo lo necesario para vivir la vida que mereces! El momento es ahora. Es por ello que te invito a que en el siguiente cuadro escribas al menos tres renuncias voluntarias que debes hacer para alcanzar tu felicidad, éxitos y sueños. Luego de que reflexiones por algunos minutos, escribe esa lista. Es muy importante que empieces a tomar acción. Pregúntate: ¿a qué debo renunciar ahora mismo para lograr satisfacer estas tres áreas en mi vida?

Felicidad	Éxitos	Sueños
1.	1.	1.
2.	2.	2.
3.	3.	3.

LAS DIEZ FORMAS MÁS EFICACES PARA NO ABANDONAR TUS OBJETIVOS

Hay una pregunta que muchas veces evitamos responder. Puede ser muy incómoda y hasta antipática porque revela qué tan poco comprometidos estamos con nosotros mismos y con nuestros objetivos. La pregunta en cuestión es: ¿estás trabajando o cumpliendo con las metas y objetivos que te has propuesto para este año? ¿Sí o no?

Quizás en tu lista anual de resoluciones, esas que escribes todos los finales de diciembre, haya varias metas que se repiten año tras año y que por alguna razón las sigues posponiendo y nunca terminas por cumplir. Quizá sea bajar de peso, salir de deudas, ahorrar más, preocuparte menos, viajar, emprender un nuevo proyecto o negocio. Sea cual sea la meta, si la respuesta a la pregunta anterior es que no estás trabajando en ellas o no las estás cumpliendo, entonces, pregúntate: ¿qué te está impidiendo hasta ahora seguir tras esas metas y objetivos? ¿Por qué has renunciado tan pronto? ¿Qué es eso tan fuerte que te limita a cumplir tus sueños?

En mis años de experiencia como *coach*, me he dado cuenta de que la gente renuncia muy rápido a sus sueños por falta de estas siete cualidades:

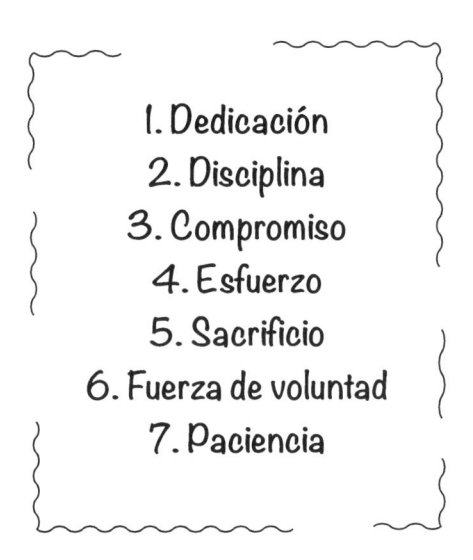

> 1. Dedicación
> 2. Disciplina
> 3. Compromiso
> 4. Esfuerzo
> 5. Sacrificio
> 6. Fuerza de voluntad
> 7. Paciencia

Es muy difícil cumplir con metas y objetivos cuando se carece de las mismas. Por otra parte, puede que seas de las personas que empieza algo con mucho entusiasmo, pero cuando transcurre un tiempo, esa motivación inicial se ha esfumado. Eso se debe a la falta de intencionalidad, visión y enfoque. La verdad es que si quieres cambiar algo en tu vida necesitas hacer sacrificios, trabajar horas extras, tener prioridades y no salirte de tu plan de acción inicial. Necesitas renunciar a lo que te limita y distrae.

Si tú eres de los que quieres resultados y ser exitoso en lo que te propongas, renuncia a todas esas ataduras de las que hemos venido hablando en este capítulo. Tú puedes hacerlo. Para ello, te dejo estas diez formas de crecimiento para no abandonar tan fácilmente y puedas lograr tus objetivos:

1. **Déjate ayudar.** Acepta que te asesoren, en especial los expertos. Si vas al gimnasio, permite que sea el entrenador el que te guie y te oriente en tu entrenamiento. Recuerda que ese es su oficio y gracias a su experiencia, tú podrás obtener mejores resultados.
2. **Deja de asumir.** La mayoría de las veces, caemos en el error de asumir algo antes de darnos la oportunidad de conocer más. Lo mejor es siempre preguntar e investigar. Deja de pensar que algo es muy difícil, que te van a rechazar, que no te funcionará simplemente porque a otro no le funcionó.
3. **Reduce la velocidad y mantén el enfoque.** Como lo indica la expresión popular: «Sin prisa pero sin pausa». Una famosa fábula narra una competencia entre una liebre y una tortuga. La liebre estaba ansiosa, quería ser la primera en llegar; en cambio, la tortuga estaba calmada e iba a su paso disfrutando del viaje. Para la tortuga era importante saber en quién se convertía, apreciar su transformación en ese proceso, demostrando que podía hacer lo que se proponía. Por otro lado, la liebre buscaba la admiración de todos, pero como iba rápido se cansó y tomó

un descanso; justo en ese momento, la tortuga la superó y ganó la competencia.

Esta fábula la traigo a colación porque muchas personas renuncian a sus sueños debido a que se impacientan, se les olvida que todo es un proceso. Al querer ir demasiado rápido, se frustran, pierden el enfoque y se dan por vencidos ante el cansancio. A partir de este momento, ten presente que el éxito no se alcanza con velocidad, sino con constancia. ¡Sé prudente, paciente y persistente!

4. **No seas duro e injusto contigo.** Muchas veces tenemos que ser más justos con nosotros, y celebrar esos pequeños logros y victorias que tenemos. Date una oportunidad y reconoce todo lo bueno que has logrado.

5. **No esperes alcanzar un objetivo para ser feliz.** Si estás esperando tener la pareja perfecta, la casa de tus sueños, el auto lujoso o la gran cuenta bancaria para ser feliz, nunca lo serás. Considera que la felicidad reside en ti y no en una lista de bienes materiales. Es por esto que si tú no eres feliz contigo mismo, nada de lo que obtengas te hará apreciar y valorar a ese ser tan maravilloso que reside dentro de ti. Entonces mientras vas disfrutando del viaje y de esas cosas pequeñas

pero valiosas de la vida, ve trabajando por esas que son más grandes y estás anhelando.

6. **No hay resultados sin procesos.** Cualquiera que sea la experiencia o la situación que estás viviendo, entiende que cada cual te ofrece un aprendizaje. Ese aprendizaje puede hacerte una persona mucho más fuerte, más empática, más humana. ¡Aprende de todo lo que vives y disfrútalo!

7. **No sobrepienses las cosas, simplemente hazlas.** La gente que piensa demasiado nunca logra nada, se queda allí paralizada en el pensamiento. ¡Prioriza y ejecuta las acciones necesarias con intencionalidad y toma acción!

8. **No te hagas víctima de tus propias circunstancias y empodérate.** Aun con todos sus desafíos, la vida es hermosa. Disfruta cada proceso de tu existencia al máximo. Aprovecha las oportunidades que se van presentando y nunca olvides darle a cada día la posibilidad de ser el mejor de tu vida. Hoy tú puedes dejar de hacerte la víctima de tus propias circunstancias, si comienzas con pasos pequeños, podrás llegar a ese lugar al cual quieres llegar independientemente de donde vengas o tu situación actual. Decide hacerte responsable por tus sueños y de tu felicidad.

9. **Aprende de los errores y de los fracasos del pasado.** Es bien importante asumir las equivocaciones como una escuela de aprendizaje para seguir avanzando. Muchas veces, en medio de la tormenta, no entendemos por qué pasan las cosas, pero luego nos damos cuenta de que era parte de lo que tenía que suceder para llegar adonde teníamos que llegar. En mi caso particular, las vivencias que te narré en este capítulo fueron experiencias que moldearon mi carácter y que me convirtieron en la mujer fuerte y capaz que soy hoy. Gracias a ellas, gozo de una mejor vida y estoy muy feliz cumpliendo con mi propósito.

10. **Piensa que si no lo haces tú, otro más astuto y con más hambre lo hará.** La vida está llena de posibilidades y en ellas hay grandes oportunidades. Si tú no estás atento a ellas, vendrá otra persona mucho más astuta que tú y las aprovechará.

Renuncia

Hay una frase de Martin Luther King que resalta la importancia de seguir moviéndote independientemente cual sea la situación que estés enfrentando. «Si no puedes volar, entonces corre; si no puedes correr, entonces camina; si no puedes caminar, entonces arrástrate... pero hagas lo que hagas, sigue moviéndote hacia adelante».

Hoy te invito a seguir moviéndote hacia el éxito, hacia tus sueños y hacia esa persona feliz en la que te quieres convertir. Te invito a que renuncies con entusiasmo a todo lo que te limita, te entristece y te hace infeliz y verás que esas renuncias te abrirán muchas puertas de bendición.

SEGUNDA PRÁCTICA: ASUMIENDO LA SEGUNDA R

Como dice el dicho: «Si vas a tirar la toalla que sea en la playa», pero no renuncies a tus sueños. Este segundo ejercicio se enfoca en las renuncias voluntarias que debes hacer para alejarte de todo aquello que te hace daño. Para ello, quiero invitarte a que reflexiones sobre tu entorno y distingas qué no aporta beneficios a tu vida.

El siguiente cuadro te será útil para no solo distinguir a qué hábitos debes renunciar, sino cuándo lo debes hacer. Esto te ayudará a planificar y tomar cartas en el asunto. Las instrucciones son sencillas: en la primera columna escribirás la acción, por ejemplo, renunciar al dulce o a las gaseosas, si tu deseo es adoptar hábitos saludables. En la segunda columna escribirás qué día de la semana lo harás y en la tercera columna durante cuánto tiempo. Lo importante es que cualquiera que sea la acción que anotes, lo hagas comprometido, siendo consciente de que te aportará grandes beneficios.

¿A QUÉ VAS A RENUNCIAR ESTA SEMANA?

¡Nunca te des por vencido! Renuncia a todo aquello que no te permite alcanzar tu grandeza, a las preocupaciones, a lo negativo, al dolor, a la desesperación, al resentimiento, a la envidia, a los celos, al sentido de culpabilidad, es decir, a todas aquellas cosas que te limitan y no te permiten ser la persona que Dios ya creó en ti.

Renuncio a:	Día	Hora
1.	Lunes	
2.	Martes	
3.	Miércoles	
4.	Jueves	
5.	Viernes	
6.	Sábado	
7.	Domingo	

Capítulo 3
Renuévate

«La mente es una fuerza poderosa. Puede esclavizarnos o empoderarnos. Puede sumergirnos en las profundidades de la miseria o llevarnos a las alturas del éxtasis. Aprende a usar el poder sabiamente».

David Cuschieri

Casi todos tenemos un amigo o un conocido olvidadizo. Sus descuidos llegan a tal punto que se les pasa por alto pagar las facturas de los servicios básicos como la electricidad, el agua o el teléfono. También se les olvidan las actividades que prometieron hacer. Incluso son incapaces de mantener vigentes sus documentos personales. Yo tenía un amigo así, hasta que pasó un mal rato con un oficial de tránsito. Cometió una pequeña infracción y cuando le pidieron su licencia de conducir estaba vencida. ¡No la había renovado desde hace dos años! El oficial lo amenazó con decomisar el vehículo hasta que pagase la multa por la infracción y renovara su licencia. Tuvo la suerte de que la situación no pasara a mayores y desde entonces está atento para renovar su documentación.

Así como a mi amigo la renovación de la licencia de conducir le dejó una enseñanza, a nosotros también nos puede ofrecer un aprendizaje: cada tanto debemos revisar qué se ha vencido en nuestra vida para tomar cartas en el asunto. Es decir, cada cierto periodo de tiempo podemos reflexionar para descubrir cuáles pensamientos, sentimientos, comportamientos y actitudes ya no nos sirven y renovarlos.

Entonces, al entender que la renovación es un proceso que sirve para hacer de nuevo algo o para volverlo a su estado original, podemos asumir que como personas también nos podemos renovar. Cuando reflexionamos sobre nosotros mismos, sobre nuestro estilo de vida, sobre nuestros hábitos, sobre las relaciones que mantenemos con otras personas, entre tantos otros aspectos, podemos darnos cuenta de que en nuestro ser hay cosas que definitivamente caducaron y es el momento de tomar nuevas y mejores decisiones. Este capítulo justamente aborda la tercera R —la de la renovación— para que logres encaminar ese cambio que estás deseando y se materialice la profunda transformación personal que estás buscando.

POR DÓNDE COMENZAR

La llegada de cada estación del año nos obliga a cambiar y renovar el clóset. Sacamos prendas que deseamos vender, donar o simplemente guardar porque están en buen estado para la próxima temporada. Imagina por un momento que tu mente funciona como tu armario, ese lugar en donde tienes todo guardado. Ahora bien, ¿qué pasa cuando tu armario ya no tiene espacio para guardar una pieza más de ropa o de accesorios? Te das cuenta de que es el momento perfecto para hacer una limpieza profunda y abrir espacio para cosas nuevas. Cuando abrimos ese espacio y adquirimos un par de pantalones nuevos, algunas blusas y hasta determinados accesorios, nos emocionamos porque sentimos que tenemos nuevas prendas que nos ayudan a sentirnos mejor, a mejorar nuestra imagen personal y de algún modo a sentirnos renovados. Igual pasa en tu mente. Cuando abres el espacio para recibir nuevos pensamientos empoderantes, enérgicos y entusiastas, te sientes mucho mejor porque te sientes renovado.

Así como necesitas comprar muchas prendas de vestir para sentir que tu imagen esté completamente renovada, también tu mente requiere nutrirse de pensamientos nuevos para que tú puedas sentir el poder que trae consigo la renovación de tu ser. De la misma manera como es imposible meter más ropa en un clóset que ya está lleno, así ocurre en tu mente, necesitas limpiarla de todo aquello que está viejo y no sirve, y de esa forma traer cosas nuevas. Recuerda que cuando estás lo suficientemente dispuesto a permitir que algo nuevo entre a tu existencia, recibirás esas bendiciones que tanto estabas esperando.

En lo particular, considero que la mente es una fuerza muy poderosa y si la sabemos utilizar podremos lograr todo cuanto queramos, pero si no, si la desviamos en asuntos que no son beneficiosos para nosotros nada bueno podremos obtener. Es por ello que le debemos prestar mucha atención a nuestra mente y a su manera de procesar las cosas, de asumir los hechos y de enfrentar las adversidades que la vida nos va presentando. Nuestro objetivo siempre debe ser enriquecerla, nutrirla y mantenerla enfocada en nuestras metas. Es por esto que nuestra mente siempre debe estar renovándose.

Yo no tengo dudas de que mientras tengas positivismo, buen ánimo y seas alguien resiliente, podrás gozar de una buena vida porque atraerás situaciones y circunstancias que vibrarán en tu misma frecuencia. Si por lo contrario, estás inmerso en la negatividad y en el desaliento, no será ninguna sorpresa que cada hecho y evento que te rodee tenga ese matiz turbio que solo te hunde más.

Por lo tanto, sobre esta base es que tus pensamientos tienen el poder de transformar tu vida. Considera que la forma en la que piensas determina la manera en la que puedes vivir, ya que tus pensamientos se transforman en palabras y tus palabras en acciones. Esto lo abordé profundamente en mi libro *La llave al éxito* y es un asunto clave cuando se desean materializar cambios y transformaciones personales.

Por esta razón, los pensamientos son fundamentales en el momento que decidas renovar tu vida. Eso solo será posible tras haberte liberado de esas cargas pesadas, creencias limitantes y pensamientos que te han venido bloqueando desde hace algún tiempo. Solo cuando tu mente esté lista podrás renovarte porque ese proceso —el de la renovación— empieza por allí. Entonces, como comprenderás, la renovación es un proceso que comienza de adentro hacia afuera y por ello primero debes hacer una limpieza de tu ser interior, con el fin de que se abran los espacios necesarios en tu mente y en tu corazón. Uno de los versos bíblicos que me ha ayudado a trabajar en la renovación de mi mente y que me gustaría compartir contigo se encuentra en 2 Corintios 7:1 (NVI): «Como tenemos estas promesas, queridos hermanos, purifiquemos de todo lo que contamina el cuerpo y el espíritu, para completar en el temor de Dios la obra de nuestra santificación».

VIVE COMO LOS SABIOS

Si hoy sientes que algo te oprime el pecho, que la mayoría de los hechos te incomodan, que tu trabajo no te satisface o que tu relación amorosa se ha tornado monótona, has llegado al punto en el que debes detenerte y reflexionar. Mira con atención cómo estás viviendo tu vida y contesta con suficiente sinceridad y honestidad las siguientes preguntas:

1. ¿Eres lo suficientemente sabio en tu toma de decisiones?
Sí o no.
2. ¿Eres de los que analizan sus acciones?
Sí o no.
3. ¿Te tomas el tiempo para reflexionar en lo que ya no necesitas en tu vida?
Sí o no.
4. ¿Estás dispuesto a eliminar todo aquello que te afecta y que no agrega valor a tu existencia?
Sí o no.

Si has respondido «sí» a la mayoría de las interrogantes es que eres una persona que está consciente de su realidad, si por el contrario has respondido «no» a la mayoría de las preguntas, es indispensable que seas mucho más reflexivo y te permitas indagar qué funciona en tu vida y qué no. Estas respuestas serán fundamentales para que sepas qué te está estorbando y por qué no logras avanzar en las áreas de tu vida que lo necesiten.

Vivir como una persona sabia significa discernir entre el bien y el mal. Un sabio reconoce que para renovar su mente a diario y recibir lo mejor, debe identificar qué trae valor a su vida y vela por el bienestar de los que le rodean. Por último y no menos importante, un sabio sabe cuidar la calidad de sus pensamientos y decisiones.

Considera que así como los virus, que son intrusos y tienen el poder de atacar nuestras células y causarnos enfermedades, cuando nuestros pensamientos están contaminados actúan como estos agentes externos, por lo cual si los dejamos avanzar tienen el poder de enfermarnos y causar graves secuelas en nuestro organismo. Nada más ilustrativo que lo que causó el covid-19 en las personas. Por lo que entendemos, esta enfermedad es producida por el Sars-Cov-2, un virus que ataca el organismo y lo enferma de tal manera que puede producir hasta la muerte, sin contar la serie de daños físicos y psicológicos que también ocasiona en los pacientes.

Si eres una persona sabia, en este sentido, te será fácil asumir que los pensamientos negativos son como virus que buscan dañarte y enfermarte. Una de las mejores maneras para combatir esos pensamientos negativos es transformándolos y cambiándolos por unos positivos para que no te hagan daño y no se conviertan en ese veneno capaz de provocar secuelas que pueden lastimarte por el resto de tu vida.

La mayoría de la gente no es capaz de renovar su mente, es por esta razón que se quedan estancados en situaciones del pasado que no les permiten avanzar.

Muchas de estas personas están llenas de rencor, odio, amargura y resentimientos. Sus mentes están totalmente contaminadas y allí no puede entrar nada positivo hasta que ellos decidan liberarse y desintoxicarse de todo aquello que los lastima.

Si te imaginas un plato sucio que está lleno de restos de comida y lleva tiempo sin lavar, allí jamás servirías ni comerías ningún otro alimento recién preparado, porque sencillamente comer en un plato sucio no es saludable ni agradable para ti. De la misma manera, una mente contaminada, atiborrada de angustias y pensamientos desalentadores tampoco está apta para recibir nuevos pensamientos positivos. Solo cuando está limpia es que puede recibir nuevas ideas entusiastas y visualizarlas con claridad.

Esta es la razón por la cual muchas veces las personas son incapaces de actuar o de reaccionar de la manera correcta, porque sus mentes están tan abrumadas, afectadas y alteradas, que no pueden tomar las decisiones correctas. La única manera de seguir avanzando y abrirle espacio a todo lo bueno que la vida te puede ofrecer es haciendo una limpieza profunda a la mente. Esto será posible cuando decidas deshacerte de todo eso que te hace daño, te lastima y te lacera. Cuando eliminas lo tóxico, lo insultante, es ahí donde las cosas nuevas comienzan a fluir y vives en grandeza. Solo cuando la mente se vacía y se sustituyen los pensamientos negativos por otros positivos, es que consigues ese enfoque, esa concentración y esa determinación que te hace falta.

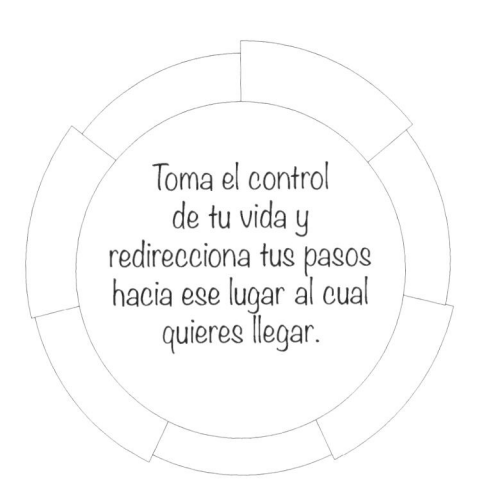

> Toma el control de tu vida y redirecciona tus pasos hacia ese lugar al cual quieres llegar.

Te pregunto ¿hasta cuándo vas a desperdiciar ese poder que te fue dado? Hoy es el día perfecto para liberarte de una vez por todas de aquellas cosas que internamente te limitan, te bloquean y te sabotean. Como lo he mencionado anteriormente, nada cambia a menos que tú intencionalmente lo hagas cambiar, nada funciona a menos que tú lo hagas funcionar. Toma el control de tu vida y redirecciona tus pasos hacia ese lugar al cual quieres llegar.

> **LA VIDA TE ENSEÑA**
>
> Lo que fue, ya pasó, ya no pienses en el pasado, lo mejor está por venir aunque el camino sea árido. Aunque todos los días sientas que eres la misma persona frente al espejo, reconoce que bajo ninguna circunstancia eres la misma de ayer. Tus experiencias, tus triunfos, tus fracasos, los desafíos que has transitado y los retos que has asumido, te han fortalecido y de alguna manera has aprendido una lección importante de todas esas vivencias. Por tanto, no estás iniciando desde cero, tus pensamientos no pueden ni deben de ser los mismos a los de ayer, ya que hoy, eres una persona más sabia e inteligente que se ha superado a sí misma en sus diversas facetas.

Por ejemplo, si te has separado de una persona que era importante para ti y en esa relación fuiste abusada, lastimada y maltratada, entonces no tornes tu mirada hacia atrás ya que no va a funcionar, debido a que esa fue la razón principal por la cual decidiste abandonar.

Probablemente tu caso sea otro, puede que te sientas en un lugar no grato con la vida que llevas, te has acostumbrado a la rutina y a que todos tus días se asemejen. De hecho, eso pasa en muchos matrimonios. En cierto momento, se olvidaron de la magia que sintieron cuando estaban recién casados. Cuando esto ocurre, lo más adecuado es conversar sobre ello y trazar acciones para mejorar la convivencia. Una de las acciones que más me gusta, en lo particular, es cuando los matrimonios renuevan los votos para darle un nuevo sentido a esa unión. Con este acto, la pareja recuerda cuál fue su primera intención al unir sus vidas en un solo camino. Es así como esa promesa original de amor y de compromiso se transforma y le da una nueva cara al amor, uno maduro y fortalecido.

Sea cual sea tu situación, si hoy te sientes incómodo con tu vida, independientemente de que tengas pareja o no, haz una pausa y reflexiona sobre aquello que no te gusta. Así podrás evaluar esas áreas que necesitan atención, para poder regresar al punto de origen y darle un nuevo sentido o comienzo que esté acorde y en sintonía con tu actualidad. Recuerda que lo primero que debes hacer es un trabajo mental, si lo haces y lo analizas, podrás seguir creciendo como persona, aprenderás de esas experiencias y tomarás mejores decisiones.

Con esto te quiero resaltar que tú puedes dejar atrás cualquier tipo de pensamiento y acciones negativas y solo cuando te animes a bloquear lo que te limita, entonces, podrás atraer la abundancia y todo lo bueno que estás deseando. Por ende, así como tu licencia de conducir necesita ser renovada, tú también debes permitirte una nueva oportunidad para construir experiencias inolvidables y enmarcables en donde los recuerdos sean gratos y de esa forma poder asumir el control de tus pensamientos y actitudes diarias.

DESPÍDETE DEL ESTANCAMIENTO

Varios de mis procesos de renovación han sido drásticos. En mi caso particular, yo nací y me crie en Puerto Rico. Ahí viví hasta que cumplí veintiún años de edad y luego me mudé a Estados Unidos. Eran los años noventa y recuerdo bien que ese proceso significó una completa y total renovación de mi vida. Me transformé en otra persona no solo porque emigré de mi país, sino porque cambié muchos pensamientos y creencias limitantes por otras que sí me ayudaron a enfrentar mi nueva vida.

Luego, tras veintidós años de haber vivido en la ciudad de Chicago, un buen día tomé la decisión de mudarme a Houston, Texas. Eso fue en el año 2021. Por supuesto, esta mudanza respondió a una serie de análisis y reflexiones que mi esposo y yo hicimos de nuestras vidas luego de la pandemia por el covid-19 que azotó al mundo entero. Nos dimos cuenta de que necesitábamos seguir moviéndonos, seguir creciendo y seguir avanzando en un sitio distinto que nos trajera mayores oportunidades.

Para llevar a cabo tal acción, tuve que convencerme mentalmente de que eso era lo mejor para mí, así como desalojar una serie de pensamientos limitantes que me estaban reteniendo en la ciudad de Chicago y que hacían que pusiera muchas excusas para mantenerme allí, mientras que mi esposo visualizaba las grandes oportunidades que Houston nos traería a ambos.

Cuando me di la oportunidad de renovarme mentalmente, no solo me mudé del que había sido mi hogar por tantos años, sino que empecé a explorar las infinitas posibilidades que trae permitir la entrada de nuevas experiencias a la vida. Es que justamente la renovación tiene que ver con eso, que le des la bienvenida a lo novedoso. Hoy por hoy, la ciudad de Houston es mi hogar y sin duda esto significó un cambio positivo, una transformación que me ha traído muchísimas satisfacciones, no solo profesionales sino también personales.

Renovarte, por tanto, es un proceso necesario para vivir en armonía contigo, para permitir que la energía fluya y alejarte del estancamiento. Al principio puede que debas limpiar tu ser interior, sanar heridas o reconstruir tu relación contigo mismo, pero luego sentirás cómo empiezas de nuevo y esa sensación es maravillosa.

Si renuevas y transformas tus pensamientos por otros que sean más empoderantes, entusiastas y llenos de energía, el cambio llegará. Cualquiera que sea la situación que hoy vivas, la puedes cambiar si no te es favorable. Nunca olvides que mientras mejor sea la calidad de tus pensamientos, tu realidad puede ser mejor y más satisfactoria. Siempre puedes renovarte y empezar nuevamente. Eso le traerá dicha a tu corazón.

RENUEVA TU HOGAR, RENUEVA TU VIDA

Si has vivido por muchos años en una misma casa, puede ser que te hayas animado a remodelarla, bien sea porque te mudaste, porque quisiste renovar ese espacio que ha sido tuyo durante años o porque querías agregarle más valor comercial a tu propiedad. Seguramente necesitaste reparar algunos daños estructurales, así como derribar paredes, poner nuevos pisos, cambiar cerámicas, sustituir las antiguas tuberías de agua, crear un estilo diferente, pintar las paredes o simplemente para darle otra funcionalidad a un espacio.

Ese proceso de renovación de tu hogar y hacer esas reparaciones muchas veces va a requerir más que dinero y tiempo, exigirá paciencia por el polvo que se genera, el ruido que se produce y por el desorden que se ocasiona; entonces, así como las casas pueden ser renovadas para que sus habitantes se sientan bien dentro de ellas, lo mismo puede pasar con tu propia vida. Al final, tu alma y tu cuerpo constituyen la casa de tu ser.

Si lo consideras de este modo, tal vez existan algunas áreas que tengas que reparar o emociones que necesites reemplazar para sentirte bien y con el suficiente poder para trabajar por todo aquello que anhelas. Por ejemplo, si te quedaste sin trabajo y todavía no has conseguido un nuevo empleo, puede que necesites renovar tu síntesis curricular y hacer lo propio. Enfrenta tu realidad con optimismo aunque sea duro y doloroso, deja atrás el duelo por ese trabajo que perdiste, sé más positivo o abierto ante las posibilidades y oportunidades que la vida te irá presentando y verás la diferencia. Quizá tengas que buscar en otros lugares, cambiar de ramo e incluso considerar mudarte de ciudad. En fin, la clave es la renovación, primero de tus pensamientos y luego de tus acciones.

Te doy otro ejemplo. Puede que en algún momento de tu vida te hayas mirado al espejo y no te haya gustado lo que has visto. Puede que hayas descubierto un cabello descuidado o una cintura que se ha tornado demasiado ancha para tu gusto. Puede que tu rostro te haya demostrado el cansancio que llevas a cuestas. Te diste cuenta de que tu imagen, de algún u otro modo, se estaba viendo afectada y empezaste a concientizar que necesitabas un cambio. Probablemente te animaste a ir a la peluquería, hacer una cita con el masajista, empezaste a comer de manera más saludable, hacer ejercicios o simplemente darte un descanso que te ayudará a verte y sentirte mejor. Es decir, pensaste en acciones para renovar tu imagen y si fuiste constante seguramente lo lograste.

Tu cuerpo, al ser una parte inexorable de tu ser, también necesita ser revisado, reparado y renovado. Si hoy día, no tienes un estilo de vida saludable, eres sedentario y cometes muchos excesos con la comida, claramente te estás sintiendo mal físicamente. Tu cuerpo está intoxicado debido a tus malos hábitos alimenticios que están dañando tu organismo, no obstante, solo tú puedes tomar la decisión de frenar ese proceso al hacerte responsable y renunciar a todo lo que te perjudica.

¿Qué estás esperando para ir al médico y hacerte tu chequeo de rutina? Muchas personas pudieran prevenir desenlaces fatales, si se tomaran el tiempo de revisar a fondo su salud. Respecto al cuidado de tu cuerpo, sea cual sea tu estado, considera que no importan tus circunstancias, si hoy día no te sientes cómodo contigo mismo, tú puedes tomar cartas en el asunto para volverte a sentir pleno contigo mismo. Para ello, recuerda que todo empieza por tu mente, pero si no logras convencerla de que tiene el suficiente poder para crear una nueva realidad, puedes comenzar a hacer las reparaciones pertinentes a nivel mental.

ACTIVA TU MENTE

Se dice que «Dios multiplica lo que pensamos», entonces, lo más sensato que podemos hacer es: ¡pensar cosas buenas! ¿Qué tienes que hacer para ello? Activar tu mente pensando de manera positiva y enfocarte en el aquí y en el ahora. Una conciencia plena del estado presente puede ayudarte a renovar tus pensamientos y ser más intencional para lograr aquello que sueñas para tu vida.

En este punto, quisiera preguntarte: ¿hoy disfrutaste de tu presente o te dedicaste a preocuparte por tu futuro? Si la segunda pregunta es la que resuena en tu mente, ¿qué es eso que te distrae tanto de disfrutar tu presente? Una de las cosas por las que muchas personas no logran renovarse es porque viven sus vidas en piloto automático y no están conectados con el presente. Es por ello que si quieres transformarte, vivir a plenitud y lograr ser tu mejor versión, tienes que redirigir tus esfuerzos y energía a resolver eso que tanto te restringe. Por supuesto, está en tus manos lograrlo. Si no es así, se lo puedes dejar a Dios, que él sabrá dirigirte, pero tú tienes que tomar acción. Como lo señala Mahatma Gandhi: «No hay nada que desperdicie el cuerpo como la preocupación, y alguien que tiene fe en Dios debería avergonzarse de preocuparse por cualquier cosa».

Por otra parte, hay quienes sienten mucha tensión, al imaginar su vida cuando lleguen a los años dorados. Les preocupa no tener suficientes ahorros, no gozar de buena salud o no ser independientes. A todos ellos les digo que la única vía para dejar de lado tales pensamientos es ocuparse y trabajar en su presente; si les angustia el hecho de no tener suficiente dinero, entonces, pueden desde ya preparar un plan de ahorro y luego de inversión; si les intranquiliza su salud pueden enfocarse en hacer ejercicios diariamente y mantener un buen estilo de vida que les aleje de las enfermedades. De esta manera, al pensar de un modo diferente estarán renovándose porque obtendrán una nueva forma de abordar esos asuntos, ya que tendrán otra perspectiva y serán más productivos. Todo se basa en la acción.

QUITA LAS PIEDRAS DEL CAMINO

Piensa en un río; cuando este encuentra muchas piedras en su camino comienza a estancarse y aunque el agua nunca deja de correr, si las piedras fueran removidas de su paso, pudiera fluir mejor. En tu existencia, esas rocas que te estancan, también pueden ser removidas para que fluyas mejor en la vida. Tus preocupaciones, tus angustias, tus frustraciones, son esos guijarros que te detienen, te roban la energía, te dispersan, te desconcentran y hacen que ese tiempo tan preciado se te escape de las manos.

Ahora bien, ¿qué puedes hacer?, la única manera de retirar esos obstáculos del camino es enfocándote en buscar solución a aquellas situaciones de la vida que te llegan inesperadamente. Solo así podrás liberarte de todos esos impedimentos y fluir lo suficientemente para poder vivir mejor.

Para continuar avanzando es necesario el movimiento.

DONA, BOTA, RECICLA

Cuando yo decidí mudarme de Chicago a Houston, no podía llevarme todas mis pertenencias. Era absurdo cargar con aquellos viejos bienes materiales que no usaba o que ya no tenían ninguna utilidad en mi vida. Es por ello que antes de guardar todo en cajas, hice una rigurosa y exhaustiva clasificación; en un sitio puse todo lo que donaría, botaría y reciclaría. Por supuesto, lo inservible lo boté, y regalé todo aquello que estaba en buenas condiciones y aún servía. No tenía ningún sentido ocupar el camión de mi mudanza con viejos artefactos, objetos o papeles que ya cumplieron su función en mi vida. Me sentí muy bien cuando me deshice de todo eso. Realmente fue muy liberador y satisfactorio soltar todo ese peso material que había acumulado por años.

Esa decisión de botar, donar y reciclar objetos antes de mudarme, me permitió organizarme mejor, tener claridad y abrir nuevos espacios. Ese enfoque fue el que me permitió elegir cuáles de mis antiguas pertenencias sabía que me serían útiles, así como reciclar aquellos objetos que podían eventualmente funcionar al darle otro uso, por ejemplo envases —de plástico o de vidrio— que podían servir de contenedores o *tupperware.*

Muchas veces tenemos que hacer lo mismo en nuestras vidas. Debemos botar aquellos pensamientos, sentimientos y emociones que ya no nos funcionan porque están ocupando sin ningún sentido un valioso lugar en nuestra mente. Podemos también decidir qué queremos reciclar de nuestro pasado. Por ejemplo, podemos retomar aquellos talentos y dones que hemos dejado de usar para finalmente utilizarlos con intención y conciencia. Verás que así podrás explotar todo tu potencial, ya que habrás encauzado tu enfoque sobre la base de tus capacidades innatas.

Una de mis amigas perdió su trabajo como periodista en un medio de comunicación tras la pandemia por el covid-19. Ya las ventas del diario impreso habían caído y todo se terminó de desmoronar cuando empezó el distanciamiento social. El diario cerró y todos los empleados quedaron sin trabajo. Arropada por la tristeza, notó que cuando cosía se sentía mejor. Un buen día se le ocurrió llevar a otro nivel sus costuras para generar ingresos y fue así como creó un emprendimiento de ropa para niños.

Ella sabía coser desde pequeña y fue su abuela, al notar que su nieta tenía la gran habilidad para la costura, quien le enseñó desde la elaboración de patrones hasta la confección de vestidos de gala. Cuando mi amiga se quedó sin trabajo, renovó ese talento y gracias a su carrera como comunicadora social pudo promocionarlo en las redes sociales sin ningún problema. Hoy día, su negocio cada vez es más próspero.

HAZ UNA PAUSA Y EVALÚATE

Nuestra renovación integral no termina con el trabajo mental o físico. También es necesario renovar el alma, ese motor que nos da vida y en el que reposa nuestra esencia. En mi caso personal, también necesito todos los días escuchar la palabra de Dios para renovar esa parte espiritual y sentir esa conexión especial con el Señor.

Sea cual sea el área que debas trabajar, no olvides que no puedes renovar absolutamente nada si no está reparado. Si volvemos al ejemplo de la casa, tú no podrás renovar su iluminación con nuevas y mejores lámparas, si no te has ocupado de reparar el cableado o los enchufes. Sucede lo mismo con nuestro cuerpo, mente, alma y espíritu. Para renovarlos necesitamos primero analizar su estado y ocuparnos de reparar lo necesario.

Para esto te puedes preguntar:

- **Para la evaluación de tu cuerpo:** ¿cómo está mi salud?, ¿qué es lo que más me preocupa? Si, por ejemplo, tienes sobrepeso analiza cómo es tu alimentación y qué acciones debes tomar al respecto para sentirte mejor. Puedes comenzar evitando aquellos alimentos ultraprocesados y proinflamatorios que te hacen daño. Practicar buenos hábitos alimenticios puede ser un gran apoyo para que te sientas bien por dentro y por fuera.

Otra de las formas de cuidar tu cuerpo es tratando de disminuir el estrés de tu vida, ya que muchas veces vivimos tan ajetreados y preocupados que se altera todo nuestro ser y organismo. Concientiza que tu cuerpo es la casa de tu alma, por tanto necesitas cuidarlo y darle los mejores nutrientes.

- **Para la evaluación de tu mente:** ¿qué tengo que eliminar de mis pensamientos? Identifica qué es lo que tienes que dejar ir, suelta esa carga pesada y libérate para que puedas vivir en perfecta armonía. El escritor argentino Jorge Bucay una vez afirmó: «Si no aprendemos a soltar, si no dejamos ir, si el apego puede más que nosotros y nos quedamos ahí atados, pegados a esos sueños, fantasías e ilusiones, el dolor crecerá sin parar y nuestra tristeza será la compañera de ruta». ¿Quién quiere vivir así? ¿Nadie, verdad? Libérate de esas ataduras mentales para que puedas fluir con felicidad.
- **Para la evaluación de tu alma:** ¿qué te hace único y diferente? A veces lo único necesario es tan simple como reparar la relación que tenemos

con nosotros mismos como personas. Para ello tenemos que amarnos, valorarnos, respetarnos, aceptarnos y trabajar por ser cada día nuestra mejor versión. Si a partir de este momento quieres renovar tu vida y verla transformada, entonces concientiza que los mismos errores, la misma actitud y los mismos pasos de siempre solo te llevarán a ese lugar en el que ya no quieres estar.

- **Para la evaluación espiritual:** ¿cómo está mi relación con Dios? Muchas personas solo recuerdan a Dios cuando se ven en situaciones desafiantes o están en un inminente peligro. Si ese es tu caso, revisa tu relación espiritual con Dios y acércate nuevamente a Él.

Como lo dijo una vez Albert Einstein: «Si buscas resultados distintos, no hagas siempre lo mismo». Esto quiere decir que necesitas actuar de manera diferente. ¡Muévete por esos cambios! ¡Renuévate y haz realidad esa transformación que necesitas! Considera que si en el universo todo se mueve diariamente, es decir el Sol, los planetas, las estrellas, entonces, ¿cómo no te vas a mover tú? ¿Qué es lo que te impide vivir a plenitud?

¡Muévete hacia una mejor vida! ¿Cómo? Haciendo una lista de lo que necesitas mejorar en ti. De esta manera puedes repasar cada una de las áreas en las que inviertes tu energía y encontrar equilibrio en el aspecto laboral, personal, familiar, financiero, espiritual, entre otros.

Jamás avanzarás si sigues estancado. Jamás lograrás aquello que deseas si no accionas. Tampoco podrás alcanzar tus sueños si no das ese primer paso. ¡Hoy es el momento de cambiar y crecer!

CINCO PASOS IMPRESCINDIBLES PARA RENOVAR TU VIDA

Llegó el momento de cambiar tu energía y renovarla. Soy de las que cree que todos tenemos un gran potencial y es por ello que tenemos que explotarlo. Quiero compartir contigo cinco pasos para que puedas hacer realidad esa transformación. Una vez que los apliques verás cómo se renueva tu vida de manera integral.

1. Concientiza que tu paz mental no es negociable
Como lo señala Dalai Lama: «No permitas que los comportamientos de los demás destruyan tu paz interior». Conozco personas que lamentablemente nos retan con sus actitudes y lo que en realidad buscan es que nos pongamos a su mismo nivel, lo cual sin duda es despreciable. Esas son personas tóxicas que debes bloquear porque lo que hacen, en realidad, es robarte tu paz mental. Por tanto, identifica esos individuos,

entornos y situaciones desagradables que ya no necesitas en tu vida y ¡bloquéalas!

A veces, aunque cueste creerlo, somos nosotros mismos nuestros máximos enemigos. Somos nosotros los que con nuestros pensamientos y acciones nos limitamos. Nos creemos víctimas indefensas, incapaces de cambiar nuestras circunstancias. Basta ya de eso. Eso no lo necesitamos. Para contrarrestar esta situación puedes empezar a cambiar tu diálogo interno y para ello enfócate en sustituir cualquier pensamiento negativo que identifiques por otro que sea positivo o tranquilizante.

Por ejemplo, cada vez que te descubras diciéndote un insulto como ¡qué tonto soy!, o ¡qué incapaz soy!, en su lugar, recuerda todas las veces en la que saliste airoso de una situación desafiante o cuando pudiste resolver un problema. Cambiar la forma en la que te hablas no solo mejorará la comunicación que tienes contigo mismo, sino también incrementará tu autoestima y sentirás mayor bienestar.

Por otro lado, cuando identifiques que una situación no está bajo tu control o que no está en tus manos resolverla, acéptalo y permite que el desenlace ocurra a su propio ritmo. Si te quita tu paz mental no vale la pena seguir haciendo resistencia.

2. Fortalece tu autoestima a través del amor propio

El amor propio es el cimiento donde construyes tus sueños, éxitos y felicidad. El amor propio equivale al mismo sentimiento que sientes cuando valoras a una persona, solo que ese individuo eres tú. Para poder renovar tu vida y fluir en ella, tienes que aprender a fortalecer tu autoestima y la mejor forma para hacerlo es amándote. Recuerda que sin importar tus circunstancias actuales, tú eres el ser más importante sobre la faz de la tierra.

Si eres de los que continuamente se está comparando, no conseguirás amarte porque siempre creerás que otro es mejor que tú. Considera que cada quien es un ser único y brilla con luz propia.

Un sencillo ejercicio para fortalecer tu autoestima se basa en consentirte o en darte cariños que te alegren al menos una vez a la semana. Puedes agendar una cita en la peluquería, organizar una salida con tus amigos o comprar flores para tu casa. Lo importante es que hagas algo que te satisfaga y acaricie tu ser. Haciendo esto, puedes renovar tu amor propio y reconocer tu valor.

3. Promueve un entorno de tranquilidad y crecimiento

Busca en tu hogar un espacio que sea lo suficientemente tranquilo para que todos los días puedas conectarte contigo mismo y sentir un agradecimiento especial por todas las cosas buenas que hay en tu vida. Yo tengo ese espacio en mi casa y es que para mí es muy importante tener paz mental y tranquilidad en mi corazón. Es una vía esencial para poder conectar con mi espíritu y renovar mis fuerzas todos los días, bien sea por medio de mis lecturas, mis oraciones o las reflexiones que pueda hacer.

Sé que lamentablemente hay muchas familias y hogares disfuncionales en donde reinan las peleas, los gritos y las discordias. No creo que nada bueno pueda surgir de este tipo de ambientes si no se toma la decisión de moverse. Por lo general, en estos lugares no puede haber crecimiento personal debido a que carecen de tranquilidad, paz y amor. Lo mejor en estos casos es alejarse de esos espacios y buscar entornos de crecimiento.

Un buen ejercicio para promover el crecimiento y la tranquilidad interna es identificar al menos tres personas que estén afectando tu vida. Puede que estas personas sean aquellas que, de algún modo u otro, quieran tener poder sobre ti, busquen manipularte o disparen dardos en tu contra con palabras revestidas de críticas. Al distinguir quiénes son esas personas, no dudes en alejarte de ellas. Por otro lado, debes analizar si esa persona tóxica no eres tú. Por ejemplo, si eres de los que invierte muchas horas en las redes sociales viendo cosas que no agregan nada de valor, eso te intoxica, así como cuando ves televisión por largas horas, en vez de utilizar ese valioso tiempo en tu crecimiento personal, lo desperdicias en cosas banales que solo te distraen, te quitan el enfoque y contaminan.

Renovar tu vida en un entorno de tranquilidad y crecimiento significa que tienes que alejarte de aquellos espacios, personas y actividades que te lastiman y te están limitando. Ahora bien, si buscas con frecuencia estar en espacios al aire libre, en bosques, parques o playas, donde tengas contacto directo con la naturaleza, verás cómo se te facilitan los procesos de renovación. En esos lugares, en donde puedes escuchar el sonido del viento, el cantar de los pájaros y la música del mar, es allí, donde puedes renovar tus energías porque estarás conectándote contigo mismo y con Dios.

4. Llena tus pensamientos de cosas positivas

Date la oportunidad de alejarte de lo que te perturba. A veces son pensamientos, a veces son emociones. Sea lo que sea no dejes que esto te invada y se apodere de ti.

Una buena estrategia es hacer un inventario de todos aquellos pensamientos negativos que constantemente tienes. Una vez que hayas hecho ese registro, sustituye cada uno por un pensamiento positivo. Si tal vez has escrito: «Me considero una persona fea», puedes escribir aquello que te gusta de ti, por ejemplo: «Considero que tengo unos ojos muy atractivos y un cabello hermoso».

Escribir es un acto que nos permite canalizar emociones; además, nos otorga la justa perspectiva a los hechos. Es por esto que cuando sacamos de nuestra mente ciertos pensamientos y los enfrentamos al papel, nos daremos cuenta de que algunos son muy absurdos y que no hay razón para darles más energía. Entonces, para combatir los pensamientos y emociones frustrantes, conviértete en un observador externo y responde a las siguientes preguntas:

- ¿Qué tipo de información permites que entre a tu mente?
- ¿Qué lees a diario?
- ¿Qué observas en las redes sociales?
- ¿Qué programas de televisión ves?
- ¿Qué programas de radio escuchas?
- ¿Qué conversaciones tienes con tu pareja?
- ¿Qué les dices a tus hijos?
- ¿Qué estás declarando con tu boca?
- ¿Cómo te hablas a ti mismo?

¡Mírate y analízate! Si eres consciente de que todo lo que piensas se hará realidad en tu vida, estarás mucho más atento a cómo te nutres intelectualmente y qué es lo que no te funciona para renovarte.

5. Paga por adelantado

Si enfocas tu vida en hacer el bien y lo practicas, sentirás una enorme satisfacción. Hacer el bien sin mirar a quien, es un gran acto altruista que te renueva como persona y que engrandece tu espíritu. Si te propones hacer este hermoso acto de amor todos los días de tu existencia con cada persona que se cruce en tu camino, bien sea por medio de algún gesto o alguna palabra, verás cómo la vida te pagará con la misma moneda.

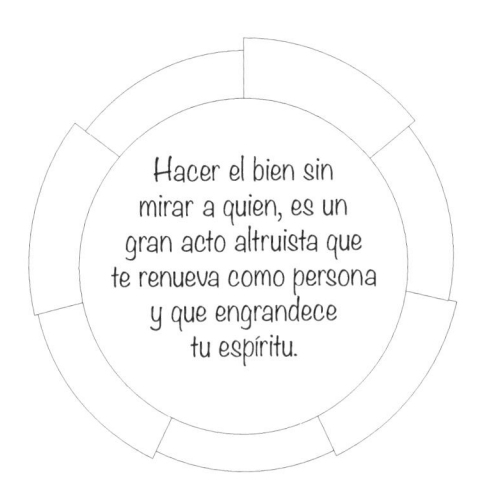

> Hacer el bien sin mirar a quien, es un gran acto altruista que te renueva como persona y que engrandece tu espíritu.

Pagar por adelantado significa tener buena intención, voluntad, entrega, compasión y respeto por el otro. Cuando actúas de esa forma, grandes bendiciones llegan a tu vida. ¡Te lo aseguro!

Ahora bien, poner en práctica estos cinco pasos que te acabo de compartir, te ayudará a realizar la tercera R —la R de la renovación— esta es la R que necesitas para continuar transformando profundamente tu vida y la que te dará mucha más energía para iniciar cualquier proyecto o seguir trabajando por tus sueños.

TERCERA PRÁCTICA: ASUMIENDO LA TERCERA R

Renovar tu vida es un hermoso proceso. Si no sabes cómo iniciarlo puedes empezar por detenerte unos minutos y escuchar a tu corazón. Reflexiona, escucha y acciona:

¿Qué debes mejorar en ti diariamente?
_____
_____
_____

¿En dónde debes poner más atención?
_____
_____
_____

¿Qué área de tu vida necesita un trabajo de reparación?
_____
_____
_____

Una vez identificada esa área, analiza. ¿Qué te está ocurriendo? ¿Qué te dice que hagas? Escríbelo aquí:

_____
_____
_____
_____
_____
_____

Procesa y escribe todo lo que ha venido a tu mente para que puedas aplicar las soluciones necesarias. Escribe cómo puedes renovarte utilizando una estrategia para cada una de estas áreas:

- Cuerpo

_____
_____
_____

- Mente

_____
_____

- Alma

- Espíritu

Ayudar a otros es un proceso muy estimulante. Si fueras a enseñar a otra persona, tres lecciones imprescindibles sobre la importancia de renovar su vida y transformarla positivamente, ¿qué le enseñarías?

1.

2.

3.

Por último: ¿qué aprendiste sobre la R de renuévate? Menciona tres objetivos de aprendizaje:

1. _____
   _____
   _____

2. _____
   _____
   _____

3. _____
   _____
   _____

Capítulo 4
Reinícianos

«Si todo te va mal, pulsa tu botón
de reiniciar, reencuéntrate a ti mismo
y empieza de nuevo sobre unas bases
más sinceras y valientes».
Antonio Fornés

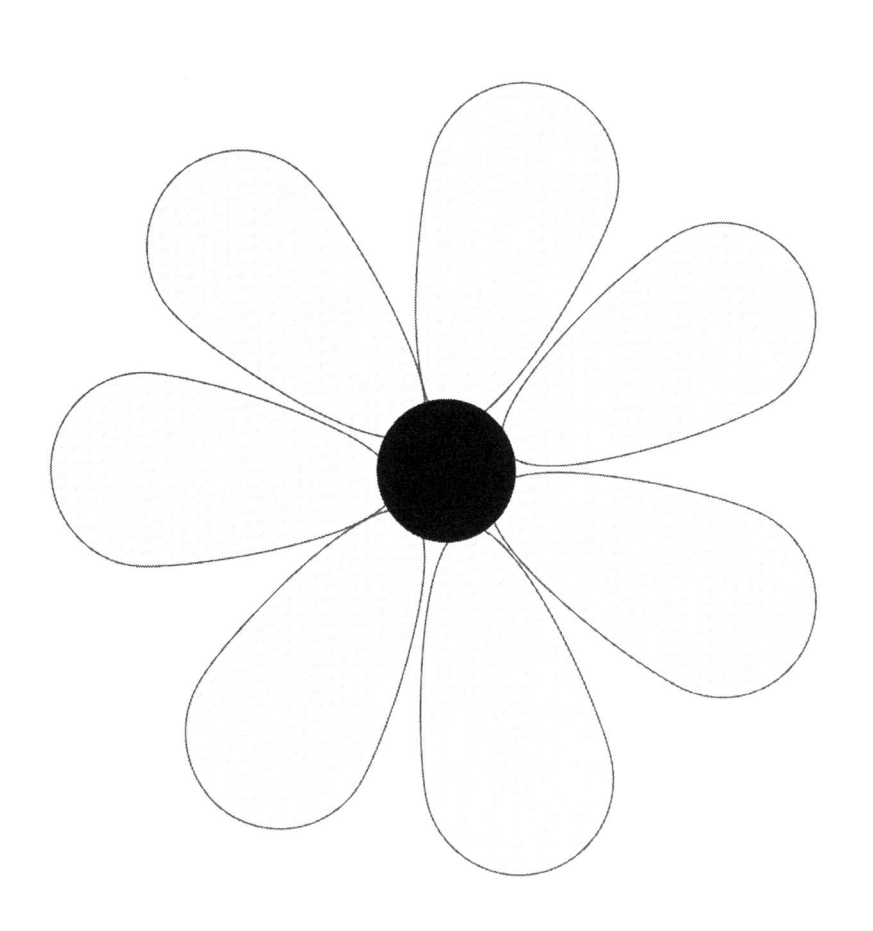

Cada primero de enero, por lo general, realizamos una lista de resoluciones, sentimos el deseo de iniciar de nuevo. El ciclo natural del tiempo nos otorga ese regalo de asociar cada comienzo de año con el inicio de otra etapa. Por esta razón, nos proponemos una serie de metas, muchas de ellas inconclusas del año anterior, confiados de que ese año nuevo nos traerá grandes oportunidades. Si creemos y depositamos nuestra fe en esa esperanza que trae el inicio de año, entonces, lograremos lo que nos propongamos.

Cuando ya han transcurrido algunas semanas del nuevo año, ese sentimiento inicial va mermando. Puede ser que hayas comenzado a hacer algo de esa lista de resoluciones, pero por alguna razón te has detenido. La causa puede ser que te has enfocado en las actividades habituales del día a día, pero no en tus metas. Es el caso de quien tiene un empleo a tiempo completo y no dedica un tiempo extra para cumplir con otras metas importantes que inicialmente se ha propuesto.

Para ilustrar a esa persona, imagínatela como quien sale muy temprano de su casa para estar a las 8:00 a. m. en su oficina y cuando culmina su jornada laboral, se dirige nuevamente a su casa y prefiere descansar, ver televisión o dedicar su tiempo libre a las redes sociales, en lugar de invertir un tiempo adicional para cumplir con la meta establecida de ese día. Existen muchos motivos por los cuales las personas olvidan sus resoluciones, pero cuando se acuerdan de ellas, se prometen que las realizarán para el día siguiente, la próxima semana, el próximo mes y cuando vienen a ver lo están posponiendo nuevamente para el próximo año. Si eres este tipo de persona, te pregunto:

- ¿Cuándo tomarás las debidas acciones?
- ¿Cuándo le darás prioridad a ese compromiso que hiciste contigo?
- ¿Cuándo reiniciarás lo que comenzaste?
- ¿Cuándo enfocarás todos tus esfuerzos a las metas que deseas alcanzar?

El tiempo seguirá transcurriendo y llegará el momento en que te darás cuenta de que no has hecho nada o, mejor dicho, has hecho muy poco por cumplir tus metas. En este punto, puedes tomar alguna de estas dos decisiones: seguir posponiendo lo que te propusiste o tomar las acciones necesarias para reiniciar tu vida y transformarla en lo que quieres para ti.

No tienes que esperar más. Hoy puede ser el día para que reinicies esa actividad que abandonaste o que suspendiste por distintas razones. Lo importante es saber que tienes todos los días la oportunidad de comenzar de nuevo. Este capítulo trata justamente de eso, de reiniciar. La cuarta R, la erre de reiniciación, una vez que la entiendas y la apliques te ayudará en tu proceso de transformación.

¿QUÉ SIGNIFICA REINICIAR?

Carl Brand, dijo alguna vez: «Aunque nadie puede volver atrás y hacer un nuevo comienzo, cualquiera puede comenzar a partir de ahora y crear un nuevo final». Estoy absolutamente de acuerdo con esta frase. Por eso, es importante considerar que, si has detenido algún proyecto, emprendimiento o actividad, puedes retomarlo a partir de ahora para culminarlo de manera exitosa.

Ahora bien, para crear ese nuevo final al que hace mención Brand, tienes que dejar atrás ciertas cargas. Me refiero a ese tipo de sentimientos que albergas en ti y que no te permiten seguir creciendo, como lo son: las malas actitudes, pensamientos negativos, creencias limitantes y las experiencias del pasado.

> Si bien, no puedes arreglar los errores del pasado o tus malas decisiones, está en ti aprovechar la oportunidad que te da el nuevo día para comenzar de nuevo.

Por consiguiente, si creíste esas palabras de alguien que alguna vez te dijo que no servías para nada o que no eras suficiente, es hora de eliminar esas creencias que no te definen. Tampoco son ciertas las autocríticas o los juicios que seguramente te has dicho por haber suspendido esas metas y que solo están dañando tu autoestima. Si bien, no puedes arreglar los errores del pasado o tus malas decisiones, está en ti aprovechar la oportunidad que te da el nuevo día para comenzar de nuevo.

Considera que si mantienes en tu corazón todas aquellas frustraciones y experiencias traumáticas del pasado, no podrás reiniciar tu vida.

Yo he conocido a varios emprendedores que se asocian con individuos conflictivos, que no tienen su mismo nivel de compromiso y lo mejor que han decidido es acabar con esa sociedad. Así como estos audaces emprendedores, tú también tienes la oportunidad de acabar con situaciones desagradables y personas tóxicas para que de esa forma puedas seguir avanzando con éxito.

Considerando las acepciones que encierra este término, reiniciar significa:

- Volver a comenzar algo que se había interrumpido.
- Buscar segundas oportunidades al atravesar cambios inesperados.
- Apostar por una nueva transformación personal.

Cualquiera que sea la definición que más resuene contigo en estos momentos, tienes que ser firme y consistente en tu decisión de volver a empezar. Así podrás mantener en pie tu elección de hacer realidad tus sueños. Por esto, tienes que ser bien consciente, para lo cual, mi querido lector, te pido que por un segundo te detengas y entiendas que debes despertar del lugar en donde te quedaste dormido. Solo cuando tomes esa conciencia, es que podrás reiniciar tus proyectos dando lo mejor de ti. No importa lo que decidas iniciar no olvides:

1. Ser congruente: esto tiene que ver mucho con tus pensamientos y tu manera de procesarlos. Si asocias esa actividad que quieres reiniciar con una obligación, quizá te venza el cansancio o la pereza. Lo recomendable es que te enfoques en el beneficio que te va a traer la práctica de esa acción y no en el esfuerzo que implica. Recuerda que si piensas en el dolor que puede causarte una transformación, probablemente te será más difícil cumplir tu propósito porque te desanimarás pensando que es muy difícil de hacer.

2. Piensa en positivo. Si visualizas las satisfacciones que te pueden producir las actividades que hagas en pro de tus metas, podrás imaginarte como la persona en la que te convertirás una vez logres lo que anhelas. Recuerda que lo que piensas y dices se va a hacer realidad, porque nuestros pensamientos son imanes. Es por esto que tienes que mantener positivos tus pensamientos, ellos harán que tengas una actitud mucho más favorable y lleguen a ti muchas más oportunidades. De lo contrario, puede vencerte el pesimismo, el desánimo o cualquier excusa que tú mismo te pongas para no hacer lo que debes hacer.

3. Concientiza. Si hoy te estás dando la oportunidad de rciniciar tu vida para alcanzar esa meta, ser una mejor persona y levantar tu autoestima, tienes que ser consciente de tu diálogo interno y de las decisiones que tomas día a día. Esto implica que debes autoevaluarte constantemente en los siguientes aspectos: pensamientos, sentimientos y emociones.

4. Ten claridad. Si quieres ser tu mejor versión, debes tener claro cuál es esa mejor versión de ti, lo que implica no solo cómo te vas a ver físicamente, sino también cómo te sentirás internamente. Quizá quieras ser una persona más decidida, abierta, arriesgada, saludable, con un peso adecuado o tonificado. Quien quieras llegar a ser, tanto a nivel físico como a nivel mental, solo tú lo puedes saber, todo lo que tienes que hacer es tenerlo claro y recordarlo de manera constante.

ESCUCHA TU CORAZÓN

Quizá alguna vez te hayas levantado de la cama con una corazonada, sentiste que debías trabajar desde casa y, en efecto, cuando revisaste tu aplicación de reporte del tráfico, te enteraste de que había un horrible accidente en la autopista que usualmente tomas para ir a tu trabajo. Luego de haber analizado las vías alternas, decidiste que no saldrías. Pudiste adivinar que habría mucho tráfico en toda la ciudad y que la mejor opción era quedarte en casa.

También te pudo haber pasado que hayas sentido que no lograbas conectar con una persona, a pesar de todas las veces que se te cruzó en el camino, te alejabas. Por alguna razón, no te sentías cómodo en su presencia y nunca hallabas la forma de entablar una conversación sincera. Luego de un tiempo, descubriste que esa persona hablaba de ti a tus espaldas y no era precisamente halagos lo que decía. En ese momento, entendiste la razón por la cual nunca sentiste una conexión real con ese individuo.

A todo esto se le llama intuición o sexto sentido. Es decir, la capacidad que todos los seres humanos tenemos para percibir qué hay detrás de una persona o situación.

En los procesos de transformación también se requiere de esa intuición que nos advierte, nos alerta y nos ayuda a percibir lo que debemos mejorar.

Por lo tanto, tu intuición se parece a una brújula que puede indicar el área de tu vida a la cual debes ponerle atención. Muchas veces, en nuestros procesos de transformación, permitimos que nuestras emociones nos traicionen y hacen que tomemos el camino más fácil. Sin embargo, cuando se trata de reiniciar no solo debemos guiarnos por nuestro sexto sentido, sino también por la sabiduría interna de la que gozamos y la que nos permite elegir el camino correcto.

Una vez que reconozcas lo que te dice la intuición, debes tener un objetivo claro que te indique hacia dónde quieres ir. Para ejecutar esto, lo más recomendable es tener un nuevo orden mental analizando lo siguiente:

- ¿Qué piensas? Es fundamental que distingas cuáles son tus pensamientos y la calidad de ellos, es decir, si te empoderan o no.
- ¿Qué quieres? Esto equivale a tener bien definido qué es lo que quieres lograr. Si seguimos con el ejemplo del emprendimiento, una persona puede anhelar tener más ventas o convertirse en un experto en su área.
- ¿Qué sientes? Esta es una pregunta muy personal. Solo tú sabes cómo te sientes contigo mismo por haber puesto en pausa o pospuesto esas actividades que son importantes para ti. Ese sentimiento puede convertirse en motor que impulse tu reinicio hacia las cosas que debes hacer.
- ¿Qué necesitas? Haz una lista de todas las acciones, los valores y actitudes que debes tener de ahora en adelante para reiniciar. Puedes armar un plan estratégico y allí escribir todos los recursos que necesitas para preparar tu nuevo despegue.

ENCUENTRA TU SABIDURÍA INTERIOR

Cuando te das el permiso de dejar de lado lo que no funcionó y te estaba reteniendo, creas un espacio dentro de ti que te convierte en un individuo más apasionado, comprometido e inspirador.

Hasta ahora, he insistido en que cuando buscas materializar la vida que deseas, puedes comenzar por eliminar las cosas que ya no tienen valor poniendo tu entorno en orden. Es por esto que si tienes hábitos, relaciones o actividades que ya no funcionan para ti, es mejor dejarlos fuera de tu vida.

Ahora, quiero convencerte de que es el momento de comprometerte contigo mismo y concientizar que no puedes seguir cometiendo los mismos errores del pasado. Si de verdad quieres reiniciar, tienes que estar seguro de lo que quieres y de que, esta vez, sí lo vas a lograr. Para ello, considera estos indispensables puntos:

1. Todos tenemos derecho a reiniciar en nuestras vidas

No importa cuántas veces hayas iniciado algo, puedes darte una nueva oportunidad. No te culpes más por lo que abandonaste, pospusiste o dejaste de hacer. Tienes el derecho a retomar eso que una vez te prometiste y que es lo mejor para ti. Sé de muchos que no se dan la oportunidad en la vida de iniciar nuevamente porque se dejan limitar por su edad, por sus circunstancias o, peor aún, por lo que los demás piensan de ellos. Nada de eso importa, aprovecha la oportunidad que tienes hoy.

2. Decide hacer de tu camino futuro uno más divertido, satisfactorio y gratificante

Aunque en tu proceso de transformación el camino no sea siempre placentero, puedes decidir cambiar tu actitud y hacer cada actividad con la mejor disposición. Es mejor que dirijas tu atención hacia lo que te genere entusiasmo, aprendizaje, alegría y no a la flojera o al desgano que te provoca un desenfoque en tu proceso de transformación.

3. Inicia una nueva vida identificando el rumbo que quieras tomar estableciendo bases apropiadas

Por varios meses, una de mis amigas se quejaba, porque si bien había conseguido un buen trabajo, ya no tenía tiempo para compartir con sus hijos. Un buen día, mientras ella me repetía esta queja, yo le aconsejé que usara la cena como un espacio para conversar con sus hijos, pero para ello, no debía haber ningún teléfono celular en la mesa y establecer un horario fijo, así fuese de treinta minutos, en donde se dedicasen solo a la conversación y en pasar tiempo de calidad. Así lo hizo, aplicó mi consejo y al cabo de unos meses me llamó para agradecérmelo.

Hoy día, gozan de buena salud y tiempo de calidad en familia. Con este ejemplo, te quiero ilustrar que si estableces normas o bases para hacer o mejorar algo, te será mucho más fácil cumplir con la actividad que te has propuesto. Así como en cualquier disciplina deportiva hay reglas de juego, tus labores y actividades de reinicio también deben sustentarse en ciertas normas que tú mismo puedes establecer.

4. Implementar pequeños cambios positivos que vayan mejorando tu vida poco a poco

Confucio, el famoso filósofo chino, una vez afirmó: «No importa lo despacio que vayas. Lo importante es que no pares». Lo que quiere decir con esta frase es que no importa tanto la velocidad a la que vayas cuando se trata de alcanzar una meta, sino que lo más importante es que nunca te detengas. A muchas personas les es muy difícil hacer cambios drásticos en sus vidas, ya que se han creado malos hábitos por muchos años. Para lograr grandes transformaciones es imprescindible tener paciencia y tomarlo con calma; como dice el dicho «sin prisa pero sin pausa».

Haz algo todos los días que te acerque a tu meta y que, al mismo tiempo, vaya mejorando ese nuevo rumbo por el cual te has encauzado. Considera este ejemplo, si tu meta es ser una persona más saludable, entonces, puedes empezar por reducir las porciones de comidas, azúcares, las cantidades de cigarrillos que fumas a diario y limitar el consumo de alcohol. Todo es posible cuando hay voluntad. Recuerda, que también se logran grandes avances, si poco a poco haces algo por lo que te has propuesto.

Desde mi visión particular, también es muy importante que explores tu interior y desde lo más profundo de tu ser entiendas que reiniciar algo depende de ti. Para ayudarte en este proceso introspectivo, puedes responder a esta serie de preguntas que a continuación leerás. Tus respuestas harán que te analices internamente y seas mucho más decidido, ya que descubrirás qué te mueve y por qué quieres reiniciar.

¿ESTÁS LISTO PARA COMPROMETERTE AL 100 %?

Si algo depende de ti, para lograrlo tienes que darlo todo. Imagina que debes preparar un pastel porque es el cumpleaños de uno de tus familiares. Te pregunto: ¿dejarías de ponerle un huevo a la mezcla?, ¿quitarías la leche?, ¿eliminarías la mantequilla? ¡No! Tú sabes que para hacer un buen pastel debes poner todos los ingredientes en sus cantidades exactas. Lo mismo pasa cuando te comprometes, no solo debes dar lo mejor de ti, tienes que ponerle voluntad, disciplina, esfuerzo, pasión y paciencia para ver los resultados que deseas.

¿ESTÁS LISTO PARA ELIMINAR TODO TIPO DE DISTRACCIÓN?

Para concentrarte en lo que quieres, debes apartar todo aquello que te distrae y no te deja avanzar. Si, por ejemplo, necesitas contar muchos billetes de alta denominación, ¿voltearías a revisar tu teléfono? Estoy segura de que no. Así debes actuar ante la tentación de distraerte cuando estás accionando en algo que va en pro de tu bienestar.

¿ESTÁS LISTO PARA TOMAR ACCIÓN MASIVA?

Con esta pregunta me refiero a si estás dispuesto a dar una milla extra, a cumplir más allá de tus expectativas y las de otras personas. Sobrepasar tus propios límites. Supongamos que hoy te corresponde correr una milla, y al finalizar decides correr una más. A eso se le llama acción masiva, ir más allá de lo esperado.

¿ESTÁS LISTO PARA PAGAR EL PRECIO POR TUS SUEÑOS?

«No pain, no gain» es un dicho muy famoso que se traduce en español «sin dolor no hay ganancia» y lo utilizan mucho en los gimnasios para indicar que si no duele el músculo que estás ejercitando, no va a haber ningún resultado. En materia de tu vida, esto significa que sin esfuerzo tampoco verás los resultados que quieres para ti. Si prometiste reiniciar algo, debes estar dispuesto a pagar el precio de lo que eso equivale.

IDENTIFICA QUÉ NECESITAS REINICIAR

Quizá en este mismo instante ya sepas qué áreas de tu vida necesitan ser reiniciadas porque son importantes para tu ser y no para otra persona. Puede que sientas que alguna preocupación o una situación en específico te robe la paz mental. Tal vez, te has frustrado por esos libros que has comprado y nunca pasas de las primeras páginas. Por otra parte, te sientes mal porque no cumpliste tu plan nutricional o porque abandonaste tu emprendimiento o negocio muy rápido. Todos esos son motivos para reiniciar.

Un buen ejercicio que puedes realizar hoy mismo para saber cómo encontrar un balance e identificar cuáles son las áreas de tu vida que debes reiniciar es utilizando este gráfico que te comparto. Al analizar y concientizar cada una de las áreas allí expuestas (crecimiento personal, espiritualidad, familia, finanzas, profesión y salud), podrás encontrar los aspectos en los que necesitas trabajar y mejorar para poder alcanzar una mejor vida, así como su funcionamiento. Para ello, analiza bien cada una de ellas y en cada espacio escribe el puntaje que consideres, siendo el número 1 muy insatisfactorio y el número 10 muy satisfactorio. Si tu puntaje en algún área es menor a 8 necesitas reiniciar ese aspecto de tu vida para que retomes nuevamente su curso.

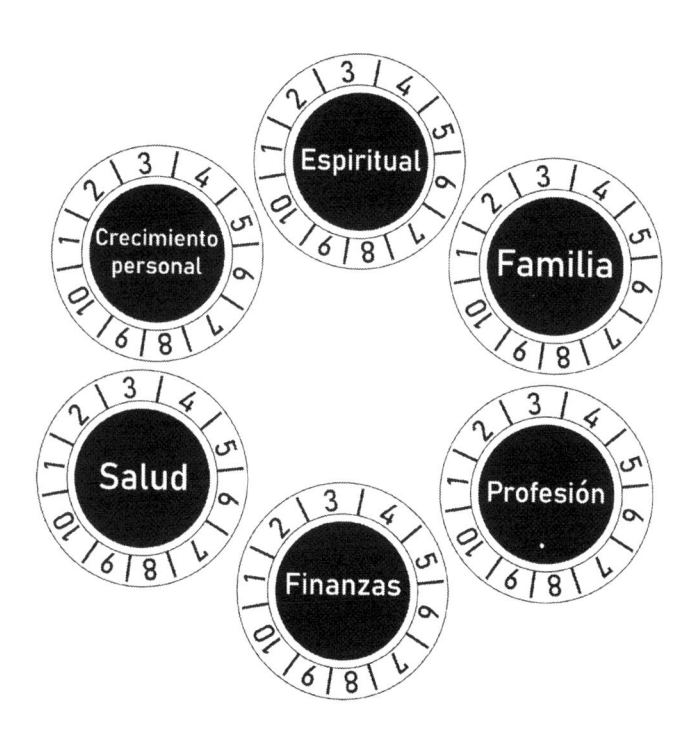

Una vez identificados esos sectores de tu vida que necesitas reiniciar, reflexiona cuáles han sido las razones por las cuales lo has pospuesto una y otra vez, es decir por qué reinicias y al cabo de un tiempo abandonas.

A continuación, comparto contigo una lista de los ocho factores más comunes por los que las personas no terminan lo que comienzan. En la medida en que los identifiques, podrás ejercer las acciones necesarias para combatir esos malos hábitos:

1. **Procrastinan**. Es decir, posponen lo importante para hacer cosas más gratificantes y que al final son irrelevantes porque no traen los resultados esperados, así como lo expuse en el capítulo anterior.
2. **Tener hábitos inadecuados**. Hoy por hoy, las personas invierten una cantidad absurda de tiempo revisando sus redes sociales, viendo televisión, chequeando constantemente sus mensajes por teléfono, acostándose y despertándose tarde, así terminan desperdiciando el mejor tiempo de sus vidas.
3. **No tener suficiente ambición**. Quizá te falte el deseo suficiente para ir detrás de lo que quieres y eso debes revisarlo. Recuerda que los sueños

son tuyos, la felicidad es tuya y el éxito es tuyo, solo tú puedes trabajar por ellos.

4. **Falta de motivación**. Transforma las dificultades en grandes oportunidades. Como lo dijo el poeta Rainer Maria Rilke: «Convierte tu muro en un peldaño». Los retos y obstáculos siempre se harán presentes, por ende, no te dejes vencer tan fácilmente, no le dejes todo al estado de ánimo, recuerda que tenemos días en que nos levantamos muy esperanzados y otros no tanto, eso es normal. No obstante, cuando se trata de lograr nuestros objetivos, el desánimo no es un buen compañero, así que debes anclarte a tu propia fuerza de voluntad para hacer las cosas. ¡Que tu motivación sea ganar, llegar y vencer!

5. **Estar confundido y no tener claro lo que quieres**. La claridad es el foco que ilumina tu camino. Estar confundido, tener dudas y vacilar no te ayudará a materializar lo que tanto deseas. Descubre qué es lo que te mueve, te inspira, te da gozo y felicidad para que te impulses, tengas claridad y sigas progresando.

6. **Falta de seguridad**. Esto tiene que ver mucho con la autovaloración. Si ese es tu caso, es fundamental que trabajes tu amor propio y tu autoconocimiento

para que te creas merecedor de todo lo bueno que la vida puede ofrecerte.
7. **Falta de organización**. Si eres una persona dispersa, trata de llevar una agenda y cumplir tus itinerarios. La organización es fundamental para alcanzar el éxito.
8. **Falta de compromiso**. Esto se combate con disciplina y con responsabilidad para hacer las cosas. En este punto es necesario recordar tu porqué.

Todos estos factores son internos y dependen de ti. Ahora bien, tienes que saber que también hay factores externos inesperados por los cuales tus metas y actividades pueden ser interrumpidas. De hecho, de alguna u otra forma, la pandemia originada por el covid-19 en el 2020, afectó no solo la salud de las personas, sino también puso a prueba la infraestructura hospitalaria y la economía mundial, paralizando miles de proyectos y negocios.

Para la gran mayoría fue un verdadero desafío enfrentar ese año y aprender a vivir bajo el esquema de una nueva normalidad que produjo tristeza, frustración, ansiedad y estrés en ese periodo. No obstante, todos tuvimos que reiniciar nuestras vidas y aprender a vivir bajo circunstancias de aislamiento y extremas medidas de bioseguridad. Cuando la crisis pasó, esto también nos dejó una enseñanza. Nada, absolutamente nada, es eterno.

Desde mi punto de vista, una vez que los factores externos pasan, no nos podemos permitir que esa serie de emociones que sentimos producto de ese evento nos mantenga paralizados o tome completa posesión de nosotros. Debemos ser bien conscientes de qué podemos aprender de esa experiencia y continuar. Es muy difícil reiniciar algo si sentimos dolor en nuestra alma o si todavía tenemos cargas que nos limitan.

Independientemente de cuáles sean los factores internos o externos por los cuales detuviste alguna actividad, también es importante que identifiques ahora si reiniciar esa actividad te causa algún tipo de emoción, y de qué tipo, ya que solo si algo es suficientemente motivador para ti, es lo que te permitirá no solo volverlo a iniciar, sino que esta vez lo puedas completar. Verás que a medida que vayas viendo resultados no solo te sentirás mucho mejor, sino que estarás cada día más motivado para continuar con esas actividades que retomaste.

Al respecto, quisiera resaltar de mi libro *La llave al éxito* una frase que quiero que memorices. Es la siguiente: «Cuando te conoces y crees en ti, cosas maravillosas comienzan a suceder». La traigo a colación porque tú, querido lector, fuiste creado para hacer grandes cosas, puedes lograr todo lo que te propones, esto incluye tu propósito de vida el cual tiene un gran valor. Esto tienes que mantenerlo muy presente cuando decidas reiniciar, porque habrá momentos en los que te sentirás tentado a renunciar otra vez.

Por esto, una vez que hayas reiniciado, tienes que analizar diariamente cuáles han sido tus decisiones y si estas coinciden con tus objetivos. Recuerda que son tus elecciones las que definen tu futuro. También puedes fijarte si estás verdaderamente usando tus fortalezas y tus habilidades para trabajar en esas metas, saber usarlas marcará una diferencia en la realización de tus sueños. Recuerda que si crees en ti y trabajas por ti, podrás materializar aquello que anhelas.

LA VIDA NO ES UN ENSAYO

Cuando estaba ejerciendo mi bachillerato en la universidad, no estaba segura de lo que quería estudiar, recuerdo que un profesor me dijo que si me imaginaba haciendo algo en los próximos treinta años de mi vida, seguramente eso era lo que tenía que estudiar. Ese comentario me hizo reflexionar sobre mis decisiones para el futuro. A partir de ese momento, decidí identificar mis fortalezas y, sobre esa base, no solo estudié mi carrera universitaria, sino que también me he dedicado a lo que hoy día es mi pasión. Tú también puedes identificar tus fortalezas, para que de esa manera las desarrolles y vivas tus sueños.

En efecto, todo aquel que se ha destacado en una profesión u oficio, no solo se ha formado académica o empíricamente, sino que no ha dejado de actualizarse. Algunos han podido estudiar en las mejores universidades y otros han tenido que buscar otras vías para desarrollar su pasión. Por ejemplo, conozco a varias personas que se convirtieron en muy buenos chefs, solo mirando a otros cocinar. ¡Sí, mirando! Les gustaba tanto la cocina que se fijaban en cómo cocinaban sus familiares o amigos. Además, se dedicaban a ver los *shows* de televisión o videos en YouTube y lo que aprendían lo ponían en práctica rápido. Hoy por hoy, algunos tienen sus emprendimientos en cocina y son muy exitosos.

De estos individuos he aprendido que si alguien quiere lograr algo, puede encontrar la manera de hacerlo. Tú también puedes materializar lo que te propongas, ¿cómo? Primero creyendo en ti y segundo dándote la oportunidad de conocer quien verdaderamente eres.

Afortunadamente, desde muy joven yo tenía una buena idea de lo que quería hacer con mi vida y luché hasta alcanzarlo, pero desafortunadamente no todos corren con la misma suerte. Veo a tanta gente desperdiciar su juventud tomando malas decisiones y transitando por las vías de la vida equivocada. Estas personas solo creen que la vida es un ensayo y no, la vida es muy real, nuestro tiempo en la tierra no es infinito. Es por esta razón que debemos aprovechar cada minuto de vida al máximo. Cuando comprendas que todos los días importan, entonces tus decisiones serán mucho más intencionales, porque te haces consciente de que tu vida no puede estar gobernada por sentimientos o emociones momentáneas como son la apatía y la holgazanería. En consecuencia debes entender, que las cosas se hacen por un motivo y porque son importantes para ti.

Permíteme preguntarte:

- ¿Qué área de tu vida urge que le prestes atención en estos momentos?
  Quizá sea tu familia, tu salud, tus finanzas o tu emprendimiento.
- ¿Cuáles son tus sueños?
  Quizá quieras vivir en una casa con un enorme jardín, viajar alrededor del mundo o meditar en la India.
- ¿En quién te quieres convertir?
  Quizá quieras convertirte en una persona autónoma, segura de sí misma, capaz de hablar en público.

- ¿Cuál es el oficio o la profesión que quieres ejercer? Quizá quieras dedicarte a la orfebrería, a la carpintería o a la escritura.
- ¿Cuál es el estilo de vida que anhelas?
Quizá quieras vivir con libertad financiera o ser una persona completamente libre de ataduras.

Lo importante es, que independientemente de tus respuestas, sepas que puedes iniciar en cualquier momento con pasos pequeños la nueva vida que tanto deseas. Esas decisiones harán, en definitiva, que retomes el control de tu vida. Ahora bien, es muy importante que analices tu presente y si no estás en el lugar que mereces estar, entonces, no puedes darte el lujo de seguir perdiendo tu tiempo.

Es el momento de hacer algo constructivo por tu vida, así tengas que obligarte. Decide enfrentar tu realidad, de cambiar de actitud y de tomar acción masiva, de esta forma podrás moverte hacia ese lugar donde tanto deseas estar.

Si en la actualidad estás trabajando en un sitio donde no hay ningún tipo de crecimiento u oportunidad laboral, te pregunto: ¿hasta cuándo vas a estar ahí desgastándote? Si te sientes estancado, tú puedes tomar la decisión de moverte y de no seguir victimizándote al creer que tus circunstancias no te permiten tomar una decisión. Solo así, dando ese paso de fe, es que podrás hacer un cambio transcendental para tu vida.

NUNCA DEJES DE REMAR

«Ningún mar en calma hizo experto a un marinero» es una frase de Franklin D. Roosevelt que me encanta, porque muchas veces tiramos la toalla o renunciamos sin antes haberlo intentado. No obstante, el marinero no se hizo experto porque las olas estaban suaves o porque el mar estaba pacífico, más bien, se hizo experto porque nunca dejó de remar.

Lo mismo sucede cuando la vida nos sacude, hay que mantener la buena actitud y seguir remando. Por esto, si para ti algo es importante, no importa cuántas veces te caigas, lo valioso es cuántas veces te levantes y sigas con más fuerza. Si hoy iniciaste algo y no te fue bien, mañana puedes volver a reiniciar con más empeño. Si te mantienes firme en tu objetivo vas a poder lograr lo que quieres.

Si anhelas el éxito en tu vida, no puedes abandonar el barco tan fácilmente, tienes que seguir remando hasta que llegues a tu destino. Además, si estás consciente de que la vida se parece a una montaña rusa, que tiene subidas, bajadas y pocas veces tiene un sendero recto y estable, entenderás que siempre habrá retos que te van a sacudir y no por ello vas a abandonar, porque si de verdad estuvieses en el vagón de la atracción mecánica que te acabo de mencionar, lo único que harías es agarrarte con más fuerza de tu asiento.

En cambio, puede que en otras ocasiones, lleguen a tu vida situaciones inesperadas y que están fuera de tu control como lo son: las enfermedades, los duelos, las pérdidas de trabajos o bienes materiales; sé muy bien lo difícil que puede ser enfrentar ese tipo de hechos, pero si confías en que todo se va a solucionar, así será.

Cuando yo emigré a Estados Unidos, por un tiempo me sentí muy perdida, al inicio, adaptarme a un nuevo país lejos de mis seres queridos no fue fácil, pero entendí que ese momento se trataba de un gran reinicio de mi vida y que podía refugiarme en Dios. Soy de las que piensa que si nos aferramos a Dios, Él nos guiará. En muchos de nuestros procesos de reinicio, Dios representa ese GPS que nos indicará cuál es el camino correcto, porque puede recalcular las vías e indicarnos por dónde debemos ir. En lo personal, cuando me siento perdida, aprieto ese botón y confío en que Dios está en control. Él me guiará hacia donde tengo que ir. Esta, sin duda, es mi mayor recomendación si quieres reiniciar algo. Tómalo muy en cuenta.

CUARTA PRÁCTICA: ASUMIENDO LA CUARTA R

Este es un reto que me encanta. Se llama «Rómpelo en quince». Se trata de que te levantes una hora más temprano de tu horario habitual y realices una serie de actividades para nutrir tu ser integral, ya que para reiniciar tu vida, necesitas primero alimentar tu mente, cuerpo y alma. Verás cómo tus días mejoran notablemente.

Entonces, si por lo general te despiertas a las 7:00 a. m. cuando realices este reto, deberás salir de la cama a las 6:00 a. m., la idea es que realices por quince minutos esta serie de actividades:

- **En los primeros 15 minutos: ¡agradece!** Practicar el agradecimiento, nos ayuda a ser personas más saludables, satisfechas con la vida y felices. Agradece a Dios por ese nuevo día, por todas las bendiciones que te da a diario y por todas las cosas buenas que tiene para ti y tu familia. Oprah Winfrey dice: «Si eres agradecido con lo que tienes, generas más. En cambio, si te concentras en lo que no, jamás tendrás lo suficiente». Siempre hay motivos para agradecer.

- **En los próximos 15 minutos: ¡medita!** Conecta contigo, con el ahora. Meditar te ayudará a producir un estado de relajamiento profundo, a tener una mente tranquila, te aliviará de la ansiedad y de las preocupaciones. Además, de mejorar la memoria y tu salud emocional.
- **Luego, en los próximos 15 minutos**: ¡lee! Escoge un libro que te motive a dar lo mejor de ti. La lectura aporta grandes beneficios para tu vida, aparte, te libera del estrés, mejora el sueño, aumenta tu vocabulario y la concentración.
- **En los últimos 15 minutos: ¡ejercítate!** Haz un entrenamiento corto y energético que te permita despertar tu cuerpo y que de esa forma puedas enfrentar el nuevo día con el mejor de los ánimos. Tener actividad física al inicio de nuestro día nos proporciona una gran cantidad de beneficios para nuestra salud. No solo fortalece tus huesos y aumenta la resistencia, también liberas endorfinas, mejora la autoestima, disminuye la ansiedad y potencia la energía que es tan necesaria para ser más productivo al final del día.

Más abajo puedes leer el cronograma que te propongo como ejemplo. Cuando realices este ejercicio, no olvides marcar cada actividad con el símbolo de tu preferencia como indicación de haberlo realizado. También puedes escribir por qué agradeciste, qué aprendiste de tu meditación, qué interpretaste de lo que leíste o cuál ejercicio hiciste y cómo te hizo sentir. Al final de la semana, si realizas cada una de estas actividades y al evaluar tu reporte, sentirás mucha más satisfacción. Te darás cuenta de los grandes beneficios que el reto «Rómpelo en 15» trajo a tu vida.

RÓMPELO EN QUINCE

HORA	LUNES	MARTES	MIÉRCOLES	JUEVES	VIERNES	SÁBADO
6:00 a. m. 6:15 a. m.	Agradecimiento	Agradecimiento	Agradecimiento	Agradecimiento	Agradecimiento	Agradecimiento
6:15 a. m. 6:30 a. m.	Devocional Meditación	Devocional Meditación	Devocional Meditación	Devocional Meditación	Devocional Meditación	Devocional Meditación
6:30 a. m. 6:45 a. m.	Lectura	Lectura	Lectura	Lectura	Lectura	Lectura
6:45 a. m. 7:00 a. m.	Ejercicios	Ejercicios	Ejercicios	Ejercicios	Ejercicios	Ejercicios

Como cierre de la cuarta R Reiníciate, ten presente esta frase anónima: «El primer paso no te lleva a donde quieres ir, pero te saca de donde estás». Dar ese paso es todo lo que necesitas para reiniciar.

Capítulo 5
Revitalízate

«Viajar y cambiar de lugar revitaliza la mente».

Séneca

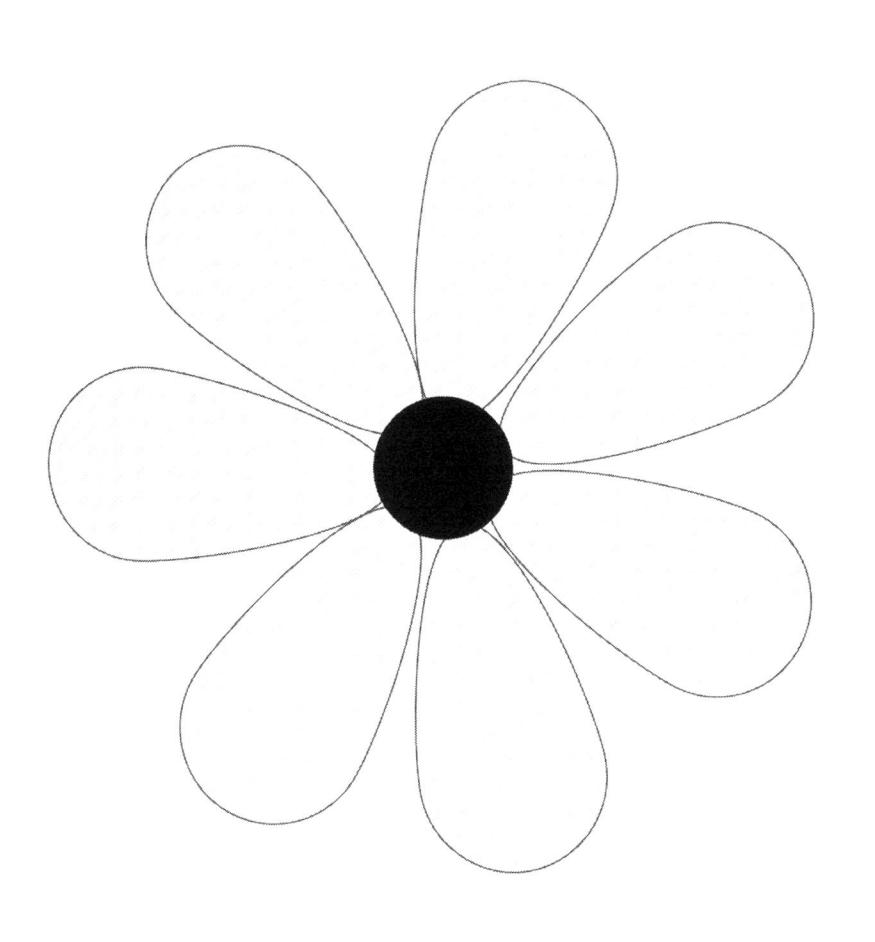

Hay amores que matan. Lo hacen lentamente al robarte tu energía y tu descanso. Sin piedad, van consumiendo tu vida y te van alejando de todo lo que puede brindarte felicidad. Sí, ese amor, al principio, se encubre de gozo, satisfacción y adrenalina, pero lamentablemente y aun cuando creas que es por tu bien, te está llevando a un pozo sin fondo.

Ese sentimiento del que te estoy hablando es, nada más y nada menos, el del amor al trabajo. Cuando este se convierte en una adicción te consume, te desgasta y te roba el sentido de la vida. Poco a poco tu atención solo se concentra en trabajo, en obtener más resultados, más ventas o mayor productividad y eso, querido lector, a la larga, se transforma en una terrible obsesión.

Siempre fui una persona *workaholic*, es decir, una adicta al trabajo. Al haber empezado a trabajar desde muy pequeña, me obsesioné con él. Yo no sabía lo que era parar de trabajar. Como si se tratara de un automóvil sin frenos, mi vida iba a toda velocidad pero por un solo camino: el del trabajo. Por muchos años no supe lo que era descansar, menos el significado de tomar una pausa para así recuperar las energías perdidas.

Con el paso del tiempo, esto consumió toda mi vida. Vivía para trabajar y no trabajaba para vivir. Recuerdo que era de las que conducía con una mano y comía con la otra. Por años no supe lo que era disfrutar de un buen plato de comida, comía tan apurada que era incapaz de saborear cada uno de los ingredientes.

Cada día cuando llegaba a la casa, en vez de descansar por cumplir tantas responsabilidades no podía desconectarme del trabajo. Mis pensamientos siempre se trataban de lo mismo, por ejemplo, pensaba cómo podía resolver situaciones laborales, cómo podía lograr mayor productividad o como podía levantar un nuevo proyecto. Vivía muy estresada y siempre estaba apresurada, pero un buen día empecé a ver cómo la vida se me escapaba de las manos.

Con el paso del tiempo, mi adicción al trabajo me trajo graves consecuencias. El cansancio comenzó a caer, mi energía no era igual y mi salud empezó a afectarse por tener ese estilo de vida tan ajetreado. Me di cuenta de que no podía seguir viviendo así, pero no sabía cómo frenar. Sencillamente no podía parar.

Era obvio: necesitaba ayuda. Requería que alguien me tendiese una mano y me enseñara a transitar con otra perspectiva. Yo me sentía muerta en vida, era alarmante mi agotamiento físico y mental, por lo que demandaba alguien que, sin juicios de valor, me escuchara y me indicara cómo terminar con mi obsesión con las ventas —mi área de trabajo en aquel entonces— y con la productividad —lo cual es algo a que todo buen trabajador siempre apunta, pero en exceso puede ser dañino.

Así, gracias a la referencia de una amiga, encontré a un *coach* que me enseñó el camino del *mindfulness* y la meditación. Junto con esa persona aprendí el valor de vivir, de estar consciente del presente y de prestar atención plena a lo que pasa a mi alrededor. De eso se trata el *mindfulness*, una técnica que busca enseñar cómo poner el foco en el tiempo presente y a partir de allí disfrutar de su grandeza.

A esta *coach* le revelé mi forma de vida, mis preocupaciones, mis ansiedades. Después de escucharme y evaluarme compartió estas palabras conmigo: «El cuerpo y la mente necesitan descanso y la mejor manera de hacerlos descansar es conectando con la naturaleza y contigo misma diariamente, esto no es negociable». Esas palabras resonaron en mi mente y en mi corazón, fue un timbre que despertó mi alma, llamó completamente mi atención y me recordó los tiempos felices que en algún momento de mi vida había vivido.

Mientras ella hablaba de la importancia del *mindfulness*, yo empecé a recordar mi niñez y cómo disfrutaba de la vida en mi pueblo natal, Barranquitas, en Puerto Rico. Justo detrás de mi casa, había un río, ¡cuánto gozamos en él mis hermanos y yo! Por lo general, cada sábado, desde muy temprano en la mañana, nos sumergíamos dentro de sus aguas, y si no estábamos allí, andábamos recorriendo con felicidad los verdes montes de mi tierra. Recuerdo que no teníamos muchos juguetes, pero sabíamos cómo desconectarnos y disfrutar de la vida. Éramos libres y felices, a pesar de que teníamos nuestras limitaciones económicas. Disfrutamos de todo lo que la naturaleza nos regalaba. Una de las cosas que más nos divertía era cuando nos deslizábamos con pedazos de cartón extraídos de las cajas que mi abuelo botaba y que utilizábamos para tirarnos por las montañas de mi barrio.

Cuando llovía, me encantaba mirar hacia el cielo y dejar caer la lluvia por mi cara o simplemente brincaba entre los charcos de agua que se formaban. Todavía puedo escuchar las carcajadas de aquella niña feliz. Yo viví hermosas experiencias de vida en el campo y recordarlas es volver a sentirlas. Aunque desde pequeños, mis hermanos y yo trabajamos muy fuerte, nunca se nos olvidó sacar tiempo para jugar y disfrutar de nuestra niñez. Sabíamos que éramos libres, a pesar de que teníamos que cumplir con responsabilidades desde pequeños. Por supuesto, al transportarme a esos momentos tan inocentes y desprovistos de cualquier preocupación, sonreí con nostalgia. ¡Cuán hermosos eran los recuerdos que pasaban por mi mente! Todo era tan pacífico y relajante, sin duda yo quería volver a sentir esa felicidad. Extrañaba demasiado esa sensación.

CONECTA CON LA NATURALEZA PARA RECOBRAR TU PAZ INTERIOR

Las sesiones con mi *coach* me permitieron entender que mi conexión con los ambientes naturales es muy profunda. En mi niñez sonreía porque vivía conectada con la naturaleza, allí donde descansa el alma y reside el secreto de la paz interior. Al haber vivido en el campo, rodeada de ríos y montañas, así como de animales silvestres: gallinas, vacas y caballos, mi vínculo con lo natural es muy fuerte y por esto mi mente y mi cuerpo necesitan de este tipo de ecosistemas para nutrirse y llenarse de energía.

> La naturaleza, allí donde descansa el alma y reside el secreto de la paz interior.

Así fue como aprendí a hacer una pausa y a descansar. Además, con la práctica del *mindfulness* entendí la importancia de conectarme con mi momento presente, ya que al prestar atención con interés, curiosidad, aceptación y de manera consciente a la experiencia que te ofrece este tiempo, te das cuenta del abanico de bendiciones que se derraman en tu ser.

Yo me di el permiso de aprovechar cada oportunidad posible para descansar, relajarme y recargar energías para tener una mente tranquila. Así pude volver a encontrar la paz y a sentirme realmente viva. De esta manera fue como aprendí a revitalizarme, un proceso muy necesario para nuestra transformación personal y que abordaremos en este capítulo.

EL CAMINO A LA REVITALIZACIÓN

Yo recuerdo que cada vez que me enfermaba de pequeña la mejor manera de darle vida a mi cuerpo y fortalecer mi sistema inmunológico era a través de un buen caldo de pollo, un jarabe casero, un té de manzanilla o de yerbabuena. Quizás en algún momento de tu vida tú también estuviste enfermo, sin fuerzas y muy decaído porque sucumbiste a una fuerte gripe y necesitaste reposo para recuperarte. Tu desgastado cuerpo requirió de una cama y de una cobija para descansar. Seguramente, también alguien fue a tu resguardo y te ofreció un remedio casero para que tu cuerpo recobrase un poco de energía. Así poco a poco volviste a recuperar tu salud y tu buen ánimo, para retomar tus actividades habituales.

Por supuesto, hoy por hoy, no necesitas enfermarte para tomar un descanso. Si es así, necesitas urgentemente ayuda. Todos necesitamos descansar para recobrar energía y además necesitamos distraernos, lo cual depende de los gustos y de los intereses de cada cual. Hay quienes se refugian en la música cuando se sienten agotados, hay otros que buscan la palabra de Dios cuando se sienten sin fuerzas o desamparados, algunas personas se sienten a gusto cocinando, otros individuos se enfocan en el ejercicio para conectar con su ser.

La importancia de hacer ese tipo de actividades es que nos hace conscientes del presente y nos revitaliza. Hacer esas pausas en nuestra ajetreada vida nos permite reordenarnos a nosotros mismos. Este tiempo para nosotros nos posibilita reflexionar y ponderar la vida. Así podemos conseguir un equilibrio en nuestra existencia, ya que no es un secreto para nadie que hoy día vivimos en un mundo muy demandante, el cual nos exige cada día más y nos puede agotar si no sabemos tomar los descansos necesarios que nos permitan recobrar fuerzas.

Hoy por hoy, cada lunes representa un desafío para muchos. No solo es el trabajo y lograr los objetivos planteados en materia laboral, se trata además de cumplir con las responsabilidades del hogar, como hacer el mercado, cocinar, mantener la casa en orden, llevar los niños al colegio, ayudarles en sus deberes, entre tantas otras tareas. A este ritmo, muchos el jueves ya están extenuados y esperan con ansias el fin de semana para recargar sus baterías. Claro, eso lo harán si saben tomar una pausa para recuperarse, de lo contrario tendrán muy pocos ánimos el lunes siguiente.

Sé de personas cuya única alegría es la llegada de los viernes, pero no se enfocan adecuadamente y no se conectan con su ser interior. Son individuos que buscan solo divertirse los fines de semana, pero no hacen nada que les nutra verdaderamente su alma. Por supuesto, son personas que al final están agotadas y nunca alcanzan la paz interior, la tranquilidad, el sosiego de entender que la vida debe ser vivida con una intención consciente y con un propósito trascendental. Por esto, mientras van pasando las semanas, los meses y hasta los años se van desgastando hasta que sucumben.

Sé también de personas que no son felices no porque no estén bendecidos, sino porque no están sabiendo vivir. Están encarcelados en sus propios pensamientos y en sus propios problemas, no saben salir de allí y disfrutar de lo que la vida les ofrece. Son el tipo de individuos que al ver un mar cristalino, inmediatamente recuerdan que este puede tornarse en una furiosa ola capaz de derribar cualquier cosa a su paso.

Hay una planta muy común en los montes llamada «la dormilona» o «moriviví», cuyo nombre científico es *Mimosa púdica*. Es muy sensible al tacto y tiene la particularidad de que sus hojas se cierran o se retiran cuando las tocas. Pareciera que se muriera, pero la planta luego revive. Seguramente de niño las viste con asombro y te divertías jugando con ellas. Yo pienso que la vida de nosotros a veces se parece a esta planta, nosotros para revivir tenemos que ser «tocados» por el descanso, por la contemplación, por la conexión con nuestro ser interno, ya que si no lo hacemos vamos perdiendo la energía y las ganas de vivir con entusiasmo.

En mi hogar, hemos tomado la decisión de por lo menos una vez al mes, como mínimo, ir a un lugar para conectar con la naturaleza. Hemos entendido que es importante hacer de esto un hábito para nosotros ya que nos permite desconectarnos de nuestra rutina y así podemos luego volver a conectar con mucha más fuerza, motivación y ánimo en nuestras actividades cotidianas. Hemos entendido que cada tanto, tenemos que salir de la ciudad para nutrir nuestro cuerpo de forma diferente para poder seguir avanzando.

De esto se trata la revitalización. A través de mi *coach* yo supe de la importancia de revitalizarme, ya que es justo en ese momento en el que le das sentido a todo lo que tú haces. En mi opinión, este proceso de desconectarse para conectarse es muy útil para retomar la fuerza perdida. Es un accionar con el que se logra darle vida a algo para que se ponga en movimiento o siga creciendo. Cuando nosotros deseamos revitalizar algo lo que queremos es darle vida y eso lo podemos lograr de varias maneras.

DISFRUTA DE LA VIDA

Hay una frase de Teri Garr que dice: «Da un paso atrás, evalúa lo que es importante y disfruta de la vida». ¿Cuántas veces has dado ese paso? ¿Eres capaz de frenar y de disfrutar el momento? ¿Eres consciente de que si te enfocas solo en trabajar y trabajar, sin darte la oportunidad de encontrar momentos de relajación y de disfrute, podrías hacerte daño?

Vivimos en una sociedad de alto rendimiento, muy competitiva y por lo general debemos estar muy activos para procesar todos los días mucha cantidad de información. Esto, por supuesto, más el hecho de trabajar y realizar tus actividades cotidianas, hace que te sientas cansado al final del día, pero ¿qué haces para deshacerte de esa fatiga?, ¿qué haces antes de irte a dormir?, ¿cómo descansas diariamente?, ¿qué estás haciendo como rutina diaria para reposar tu cuerpo y tu mente?

Lamentablemente, a muchos se les han olvidado detalles muy importantes como son el hecho de fluir con optimismo, estar presentes, el descanso, la conexión con su ser interior y con la naturaleza. ¡Se les ha olvidado hacer una pausa y vivir plenamente lo que ofrece el día a día! Esto también se debe a que en estos tiempos se celebra el ajetreo y el trabajo sin cesar. Es como si leyéramos en todas partes pancartas con luces de neón que indicaran: «Trabaja duro no pares». Es así como el hambre por querer cumplir nuestros sueños se convierte en algo imparable y esto es justo lo que nos lleva a perder el equilibrio.

Cuando dejamos que eso ocurra se nos derrumba la vida y perdemos nuestro norte. Empezamos a vivir en piloto automático, la vida se nos pasa, no nos damos cuenta de que los días transcurren y de su trascendencia. Pero si tú, mi estimado lector, también asumes como yo que cada día representa una nueva oportunidad y son un regalo de Dios, te ocuparás de aprovecharlos de manera equilibrada.

> «Sé presente y vas a conectar de una forma que te va a dar fuerza».

Recuerdo que en las sesiones con mi *coach* ella me decía que al subirme a mi vehículo debía asegurarme de ver todo lo que está a mi alrededor, incluso de ver a los pajaritos a su paso o de apreciar cómo las hojas de los árboles se movían con el viento. Ella me comentaba: «Sé presente y vas a conectar de una forma que te va a dar fuerza».

A raíz de mis encuentros con mi *coach*, yo pude aprender a disfrutar mis días libres, a vivir con intencionalidad y estar consciente de que en mi agenda había espacio para todo: para Dios, la familia, el trabajo, y el disfrute. Así pude crear y mantener la vida equilibrada que tanto anhelaba.

Por ello, cuando la mente está saturada, lo que debemos buscar es un momento de relajación, de tranquilidad y de paz para descansar y así seguir con más fuerzas. Yo comprendí que la única manera de revitalizarme era sacando el tiempo para conectar no solo conmigo misma, sino también con la naturaleza, porque en ella me refugio, conecto con Dios, descanso mi cuerpo, mente y alma, mis baterías se recargan y renuevo fuerzas. Es en la naturaleza donde dejo que el viento sople mi cara, el sol caliente toque mi piel, en donde pongo mis pies firmes sobre la tierra y en las aguas tranquilizantes del mar es donde libero mis pensamientos y descargo todas mis preocupaciones.

¿CÓMO REVITALIZARTE?

Tenemos que tener presente que no hay nada más maravilloso que vivir en plenitud cada momento. Estar conectados con el aquí y el ahora no solo mejora nuestro bienestar, sino que también nos ayuda a fluir mejor. Por lo que para nosotros poder seguir y lograr lo que queremos es indispensable revitalizarnos.

A todos mis clientes cuando me dicen que están agotados, les hago una serie de preguntas para evaluarlos. Hoy te hago a ti estas preguntas para que tú mismo analices tu situación y tomes cartas en el asunto:

- ¿Te sientes cansado y sin fuerzas?
- ¿Te recuperas lo suficiente del ajetreo del día a día?
- ¿Cuántas horas dedicas para tu descanso?
- ¿Eres consciente de la importancia de recuperar el equilibrio para que puedas funcionar mejor?
- ¿Sabes cómo revitalizarte?
- ¿Eres de las que disfruta la vida y de qué manera lo haces?
- ¿Realmente estás viviendo en el presente?

He aprendido que en este proceso de vida como mujer emprendedora, no solo es importante tener metas y objetivos por alcanzar, sino saber cómo revitalizarnos. No podemos permitir que el ritmo ajetreado de la vida nos robe los momentos mágicos que la misma nos regala día tras día. Debemos aprender a lentificar nuestro ritmo, vivir en calma, dejar de preocuparnos y buscar ser personas más conscientes de lo que está ocurriendo en nuestro existir si es que queremos ser felices.

A continuación, te voy a revelar las tres maneras más eficaces que yo aprendí para revitalizarme:

1. Disfruta de los pequeños placeres de la vida

En mis reuniones con mi *coach* aprendí a fijar mi atención plena en el presente. Recuerdo que una vez la sesión se trató de que yo me concentrara, cerrara mis ojos y tratara de identificar con atención los instrumentos que acompañaban una hermosa melodía que sonaba intencionalmente en la oficina. En otra ocasión, mi *coach* me brindó frutas y mientras las comía me pidió que identificara sus aromas, sus distintos sabores, en fin, que las saboreara lentamente. Otra práctica se basó en que yo leyese un libro para desconectarme de todo lo que estaba a mi alrededor y conectarme totalmente con la lectura y con las palabras que allí se reflejaban. Estos ejercicios me ayudaron definitivamente a valorar más ciertas cosas en mi vida, a estar más conectada y vivir al máximo.

Así fue como aprendí a saborear los momentos, en especial, los que me causaban muchos regocijos y disfrute, como por ejemplo, estar frente al mar en un atardecer. También aprendí a ser más intencional con los inesperados instantes que Dios me regala, como cuando un pájaro se posa sobre mi ventana o cuando un niño me sonríe sin motivo alguno.

2. Descansa

No es un capricho de la ciencia. El ser humano para recuperarse debe descansar diariamente entre siete y ocho horas. En particular, esto fue también algo que tuve que aprender a hacer. Para recobrar mi energía, entendí que necesitaba descansar todos los días este lapso. Con el ajetreo del trabajo y responsabilidades del día a día, solía acostarme muy tarde y levantarme muy temprano, lo cual originó que yo sufriera de cansancio crónico, poca energía, desconcentración, entre otros. Cuando empecé a descansar más me di cuenta de sus beneficios, lo cual me hizo concientizar que si quería tener una vida exitosa e impactar a más personas, era fundamental para mí descansar lo suficiente para poder pensar con mayor claridad y enfoque.

3. Practica un pasatiempo

Nada nos puede dar más placer que hacer algo que nos llene y satisfaga. Hay quienes practican un deporte como voleibol, tenis o fútbol, otros disfrutan caminar o correr por el parque, mientras que hay otros a los que les encantan las actividades manuales como coser, tejer o bordar. Independientemente de lo que te agrade, lo importante es encontrar ese pasatiempo que te llene de vida y practicarlo constantemente. En lo personal, durante la pandemia causada por el covid-19 yo disfruté mucho cocinar. Siempre me ha encantado hacerlo, pero el hecho de estar confinados en casa hizo que me sumergiese en la experiencia de la cocina, traté nuevas recetas, preparé nuevos platos y probé nuevos ingredientes.

TEN UN PROPÓSITO Y EL MUNDO ESTARÁ A TUS PIES

Una vez fui a un retiro de tres días y cuando llegué lo primero que debía hacer era apagar mi celular y entregarlo a los organizadores. En la cara de cada uno de los que nos reunimos allí se reflejó cierto desespero. Parecía que en vez de quitarnos un aparato electrónico nos estaban desconectando de la vida. En ese fin de semana, me di cuenta de la codependencia que existía entre ese aparato y yo, y al mismo tiempo, comprendí la importancia del *switch off* para encontrar ese balance de la vida y así pasar tiempo de calidad con mi familia, poder retomar mis rutinas y concentrarme en lo que verdaderamente importa.

Yo pude entender cómo ese aparato hace que las personas desperdicien su tiempo. La gente se somete por horas a las redes sociales, son adictos a ellas. He sido testigo del desespero que sienten si no entran por un momento a revisarlas. He tenido la oportunidad de trabajar con muchos emprendedores y puedo decir que muchas veces no logran alcanzar sus sueños porque no tienen la disciplina para completar sus tareas diarias y se olvidan de cuáles son sus prioridades. Aunque reconozco el valor que las mismas representan hoy día en la vida de una persona, hay que saber ser sabio en cómo utilizarlas.

> Cuando el celular prevalece, los problemas aparecen.

Esa dependencia es peligrosa. La gente se desconecta de la realidad por horas y desaprovecha un recurso muy valioso, el tiempo. Entonces, por algo tan poco trascendental, te olvidas de cumplir con tus responsabilidades y de nutrir tu vida, cuerpo y alma. Cuando el celular prevalece, los problemas aparecen.

Supe de un estudio de una pareja que llevaba diez años de convivencia, pero realmente no vivían de esa forma. A pesar de no tener ningún aparente conflicto, el tiempo que esta pareja tenía para conversar o hacer actividades juntos lo invertían en su celular. Cuando se les quitó este aparato para ver cómo interactuaban, no tenían idea de cómo relacionarse, comunicarse y convivir. Ellos no sabían ni de qué temas hablar. Eso es lo que está sucediendo hoy día: las personas no están viviendo en un mundo real, viven en un mundo imaginario que los desconecta de su propia vida, de la real. Allí radica la importancia de desconectarse del teléfono, para conectarse con la propia vida y de esa manera seguir con más entusiasmo.

DESCONÉCTATE DE TODO Y SABOREA EL MOMENTO PRESENTE

Charles Spurgeon afirmó lo siguiente: «No es lo mucho que tenemos sino lo mucho que disfrutamos lo que hace la felicidad». Lamentablemente, la gente no le presta atención a lo que verdaderamente importa y esta situación cada día la estamos viendo con más frecuencia.

Fíjate la próxima vez cuando vayas a un restaurante en la gente y su manera de desenvolverse en las mesas. He visto a personas comiendo con sus celulares en mano, o peor aún, he visto a grupos de personas que no interactúan para nada entre ellos durante una cena. Un día fui a un viñedo con mi esposo y recuerdo bien una mesa que estaba frente a nosotros y en la que había al menos unas doce personas. Desde que se sentaron, cada uno de ellos estaba viendo su celular. Entonces uno se pregunta: ¿cómo se disfruta la vida así? Vivir de esa forma, sin intención, no tiene sentido. Reconoce que existir no es lo mismo que vivir. ¡Vive con intencionalidad!

Recientemente, una joven universitaria, hija de una amiga, me llamó desconsolada porque tenía una semana fuerte de exámenes y se sentía sobrecargada. A pesar de que esta joven es muy responsable y determinada, una de sus mayores debilidades es el uso constante del celular, razón por la cual se distrae con frecuencia y procrastina, hábito que ha desarrollado con el paso del tiempo. Al escuchar su sentir, fui muy empática con ella, pero al mismo tiempo, fui enfática al decirle, que si quería tener éxito y no volver a pasar por tales niveles de cansancio, frustración y estrés, tenía que ser mucho más intencional con su tiempo. Debía aprender a priorizar actividades y ser disciplinada.

Las redes sociales no son impostergables, van a seguir estando ahí y es difícil que urja el consumo de sus triviales contenidos, que vivir la vida. Por esto, querido lector, así como le dije a esta joven universitaria, te lo digo a ti: ahora es que urge vivir, en este instante, urgen otras cosas que son más importantes y que son las que satisfacen tu ser.

Por supuesto, no siempre son las redes sociales las que nos distraen de lo que importa, existen también otras razones que solo tú conoces. Si asumimos la vida con muy poca conciencia y en piloto automático, no se nos hará fácil vivir con intencionalidad. Levantarse, trabajar, comer, cuidar de los niños, limpiar, ver la televisión, dormir y volver a empezar. Hacer esto día tras día, no pareciera un panorama demasiado alentador, por no hablar de aquellas épocas en las que tenemos que atravesar momentos difíciles y situaciones desafiantes. Por eso, para vencer la inercia de la monotonía o la desesperanza, hemos de encontrar y seguir nuestro propósito de vida.

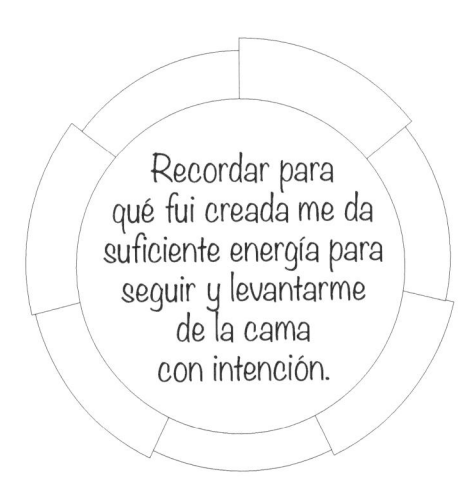

> Recordar para qué fui creada me da suficiente energía para seguir y levantarme de la cama con intención.

Justamente es este propósito el motor de nuestra vida porque encierra, de manera simultánea, nuestro «por qué» y el «para qué» hacemos las cosas. Es la mejor forma de revitalizar nuestro entusiasmo y motivación. En lo personal, recordar para qué fui creada me da suficiente energía para seguir y levantarme de la cama con intención.

También el hecho de reflexionar sobre nuestras inspiraciones puede darnos los suficientes ánimos para continuar adelante. Pueden ser tus propios sueños los que te empujen a seguir moviéndote o quizá recordar los talentos y dones que tienes por naturaleza los que te inspiren a dar los pasos necesarios hacia tu grandeza. En mi libro *La llave al éxito,* hablo sobre cómo justamente son esos talentos y dones los que nos hacen únicos en el universo.

Esto es bien importante entenderlo, porque todos los días necesitamos de energías y si no las tienes: ¿cómo vas a lograr lo que te propones diariamente? ¿Cómo te revitalizas cuando el agotamiento se apodera de ti? ¿Cómo te recuperas cuando tienes pocas ganas de hacer las tareas del día y no logras concentrarte? ¿Cómo lidias con la ansiedad y el estrés?

Anclarte en tu propósito y en tus inspiraciones son esas palas que te permitirán remar cuando ya no puedas más, son las claves con las que podrás abrir la caja fuerte en donde se guardan tus ganas de vivir, sin contar que son los ingredientes esenciales para hallar tu equilibrio, cuya importancia es fundamental porque es el que te brinda paz, armonía, estabilidad, felicidad y plenitud en cada ámbito de tu vida, es decir, en lo espiritual, familiar, personal, profesional y en las relaciones.

Ahora bien, es imperativo comprender que muchas veces son los entornos y las personas tóxicas, los vampiros que te succionan la vida. Por esto, para revitalizarnos tenemos que alejarnos de ellos, ya que lo único que hacen es desmotivarnos y buscar la forma de restar el entusiasmo. Para comenzar tu proceso de revitalización, te comparto las tres maneras más eficientes para cortar de raíz con este tipo de personas o situaciones:

1. Valórate
Hay una frase de Warren Buffett que dice: «El precio es lo que se paga, el valor es lo que se obtiene». Esto es muy significativo porque cuando te valoras como persona, reconoces tu valía y entiendes que nadie puede ponerte un precio. He conocido individuos que se sienten menospreciados por los demás, por lo cual se deprimen y viven defraudados. El problema es que buscan en el exterior su valor y no tienen ni idea de cuánto valen, y no me refiero a dinero, tienen una baja autoestima que no les permite ver lo grandiosos que son.

Yo le enseñé a mi hija desde muy pequeña que ella tiene un gran valor como ser humano y que el mismo no se encuentra en los bienes que una persona posea, sino que se halla en su interior. Le reafirmé que la verdadera riqueza se encuentra en el amor propio. Para mí, tanto ella como todas las personas, son un activo muy valioso e importante, por eso, quien quiera estar a tu alrededor tiene que aprender a conocer quién eres y a valorarte, pero esa tarea inicia contigo, nadie, absolutamente nadie, puede hacer por ti lo que tú no eres capaz. No tiene sentido que persigas a las personas que por alguna razón no quieren estar contigo o te menosprecian. Cuando tú te das tu lugar, reafirmas a ese gran ser humano que reside dentro de ti, te tornas en una persona más selectiva y es entonces cuando te cuidas de quienes te rodean. Pero, si tú no sabes apreciar a ese ser maravilloso en toda su dimensión, cualquier cosa puede ser suficiente en tu vida y es allí donde entra la gente que te resta energía y entusiasmo.

Robert Tew señaló: «No permitas que las personas tóxicas alquilen un espacio en tu mente. Sube el precio de la renta y expúlsalas». ¿Quién no ha conocido una persona tóxica? Estoy segura de que todos nos hemos relacionado con alguien así, el problema radica cuando los dejamos entrar a nuestras vidas.

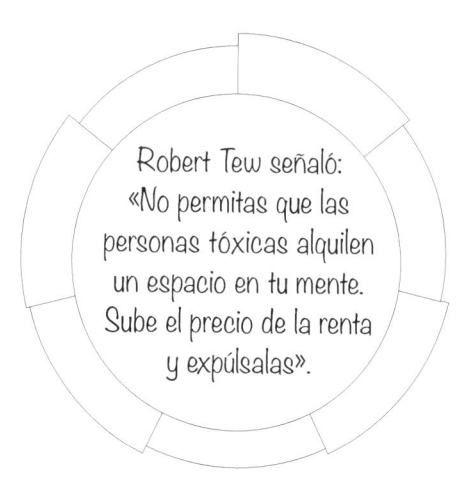

Robert Tew señaló: «No permitas que las personas tóxicas alquilen un espacio en tu mente. Sube el precio de la renta y expúlsalas».

Déjame preguntarte, ¿quiénes y cómo son las personas con las que compartes a diario? Esta fue una pregunta que tuve que hacerme en un momento dado de mi vida. Sabía que si aspiraba a un mejor futuro, era necesario rodearme de gente positiva y alejarme de aquellas que no aportaban nada constructivo o no eran una buena influencia para mí.

Cuando más joven, tenía a una amiga a quien apreciaba mucho, pero era tan nociva que terminé sacándola de mi vida. Era alguien que me restaba entusiasmo, me quitaba energía, su forma de asumir la vida me desgastaba emocionalmente. Al valorarme, entendí que tenía que apartarme de ella. Sencillamente, no sumaba nada bueno a mi vida. Si algún consejo he tenido que aprender y poner en práctica, ha sido el de Jim Rohn cuando dijo: «Eres el promedio de las cinco personas de las que te rodeas». Nada más cierto, en la vida uno se termina convirtiendo en lo que le rodea, por ende, hay que elegir bien.

A raíz de esto, quiero invitarte a poner en práctica lo siguiente: escribe en un papel las cinco personas con las que te rodeas a diario. Identifica quiénes de ellas suman a tu vida y quiénes restan valor. Luego, analiza quiénes tienen mayor influencia en ti e identifica si estás teniendo los resultados que estás buscando o si son parecidos a los que ellos están teniendo. Si al analizar estas preguntas, te das cuenta de que no te gusta tu círculo de amigos, entonces, toma la decisión de no solo cambiar las personas con las que te rodeas, sino también los entornos. Como lo recomienda Hussein Nishah: «Dejar ir a las personas tóxicas en tu vida es un gran paso para amarte a ti mismo».

2. Toma el control de tus decisiones

Si tú no decides, otras personas lo harán por ti. ¿Eso es lo que quieres? Son tus decisiones las que marcarán el ritmo y el destino de tu vida, recuerda que lo que tú decidas hoy definirá la persona en la que te convertirás en el día del mañana. Por tanto, si hoy tú decides algo, debes honrar esa decisión y ser fiel a ti mismo. Tener claro esto te permitirá saber si rechazarás las solicitudes de otros que no son de tu agrado. Así podrás ser firme, cuando no quieras hacer algo o cuando algo no te parezca justo. Cuando no sabemos decir que no, la gente no respeta los límites.

Muchas veces no se trata de no querer ayudar, sino de que tu ética y tu moral no te permiten hacerlo porque podrías causar más daño que bien. En efecto, eso fue lo que le pasó a una gran amiga. Ser firme en sus decisiones le permitió establecer límites saludables con una vecina. Si bien mi amiga es una enfermera certificada, esta vecina constantemente le pedía su ayuda para asuntos médicos que realmente mi amiga podía atender, pero que demandaban la instrucción precisa y profesional de un médico. Esto es un perfecto ejemplo de lo que Melody Beattie señala en su frase: «Digamos lo que tengamos que decir. Podemos decirlo suavemente, pero con firmeza, hablando con el corazón. No necesitamos ser críticos o no tener tacto, ni culpar o mostrarnos crueles cuando decimos nuestras verdades».

3. Enfócate en todo lo bueno que la vida te regala
Son más las cosas buenas que suceden en nuestras vidas que las malas. Fijarnos en ello nos permitirá tener más entusiasmo, independientemente de qué tan grande sea el desafío o qué tan oscuro pueda parecer una situación determinada. Por eso, no me canso de decir que debemos aprender a ser agradecidos. Cuando tú comiences a contar las bendiciones que Dios te regala día tras día y dejes de quejarte por lo que no tienes, no solo aumentará tu felicidad y el optimismo, sino que reducirás la inconformidad.

Un buen ejercicio para ser agradecido es escribir todos los días en un papel lo que te hizo feliz y depositar ese papel en un frasco por los siguientes 365 días del año. La idea es que al final del año, puedas leer cada una de esas notas de felicidad que escribiste y te regocijes al darte cuenta de lo afortunado que eres.

Meister Eckhart una vez dijo: «Si la única oración que dijiste fue gracias, eso será suficiente». Cuando practicas la gratitud a diario, vivirás siempre en abundancia, en armonía y la sonrisa siempre estará en tu rostro.

ERES EL CAPITÁN DE TU VIDA

Vivimos en un mundo que está en movimiento todo el tiempo y es por esto que sin darnos cuenta estamos sometidos constantemente a la dictadura del cansancio, bien sea físico o mental. Si a pesar de ello seguimos trabajando, podremos sentirnos muy irritables, ser más vulnerables de lo normal y nuestro temperamento y humor cambiarán —de hecho hasta los más pacíficos pueden ponerse agresivos.

Cuando estamos exhaustos, tendemos a frustrarnos, estresarnos e ignorar las actividades más importantes que debemos realizar en nuestro día, porque no tenemos el ánimo para hacerlas, es ahí donde tomamos malas decisiones porque no nos sentimos bien. Nuestras acciones incluso pueden lastimar a nuestros seres queridos, pero si tú te mueves para revitalizar tu energía, comenzarás a encontrar el equilibrio que hemos abordado en estas páginas, así como a sentir esa paz y armonía que le brindan plenitud a tu ser. Y si aún no sabes qué te funciona para revitalizarte en esos momentos de cansancio, anímate a explorar tu ser interior para descubrirlo.

En los momentos de angustia o de desesperanza, no se trata de que tires la toalla o renuncies, para nada. Se trata de dar un paso atrás, de hacer una pausa, analizar la situación y reflexionar sobre la manera en como puedes seguir de forma lógica e intencional, con más ánimo, fuerza y pasión. Para ello te servirá aplicar lo siguiente:

1. Analiza la situación desde otra perspectiva

Si tu actitud es negativa, busca cambiarla. Enfócate en la solución, no alimentes más el problema. Si estás pasando por un momento difícil, no lo ignores, pero sí busca vías alternas que te permitan sobrellevarlo.

Imagina que tienes un solo vehículo y se accidenta. Necesitas mil dólares para arreglarlo, cantidad que no tienes disponible en estos momentos. Tu trabajo actual solo te permite sufragar los gastos del día a día. ¿Qué pasa si te enfocas en que no tienes el carro ni el dinero para repararlo? Comenzarás a alimentar el problema. Pero si te detienes y eres más intencional, puedes concientizar la situación y enfrentar tu realidad. Quizá no tengas los mil dólares hoy, pero pudieras pensar en una solución para obtenerlos eventualmente.

Quizás puedas reinventarte y sacarle provecho a tus talentos. Si te gusta la repostería pudieras hacer tortas para la venta o si tu arte son las manualidades pudieras confeccionar productos artesanales. Tal vez pudieras prestar servicios como limpieza de hogares o paseo de perros que te ayuden a reunir el dinero que necesitas.

Con esto quiero decir que revitalizarse también es un proceso que busca dar soluciones. Entonces, quizá no tengas en estos momentos un gran problema, pero sí puede que te sientas cansado. Es allí cuando puedes preguntarte; ¿qué puedo hacer que me llene de energía? Si conoces la respuesta no dudes en tomar acción para llenarte otra vez de vida.

2. Identifica los obstáculos y elimínalos

En nuestro proceso de la vida es inevitable que surjan conflictos, desafíos, amenazas o situaciones difíciles. Quien se vea librado de ellas que tire la primera piedra. Nadie puede escapar de esto, nadie está exento de esos huracanes que revuelcan nuestra existencia.

La gran pregunta a hacerse en estos momentos es ¿qué voy a hacer para sacar todas estas piedras del camino? ¿Cómo puedo enfrentar estos obstáculos para seguir hacia delante? Recuerda entonces, que siempre puedes enfocarte en lo positivo, de lo que tienes control, en lo que te satisface como persona, en lo que nutre tu alma y tu ser.

Una buena estrategia siempre será hacer algo productivo, a pesar de las circunstancias. Enfocarte en el dolor, en lo imposible o en el tormento no te aportará nada. A veces, el peor obstáculo que hay en nuestro camino y que no nos permite avanzar en la vida somos nosotros mismos. Pero si centras toda tu buena energía en trabajar con optimismo las situaciones que se te van presentado, te darás cuenta de que existen otras opciones y eso te hará más feliz. Todo problema tiene solución nunca lo olvides. ¡Enfócate en lo positivo!

3. Haz lo que te guste y aporte gran satisfacción

Es importante llenarnos de alegría, sentirnos vivos y hacer cosas que alimenten nuestro ser, porque eso nos ayudará a seguir avanzando. Hay muchas actividades que podemos llevar a cabo, pero dependen de nuestros gustos, habilidades y, por supuesto, del permiso que nos demos para hacerlas.

Tengo una amiga que aprendió a surfear después de los treinta años. De adolescente nunca le dieron el permiso de practicar este deporte, pero ella —muchos años después— un buen día decidió tomar una tabla y entregarse al mar. Ha pasado un buen tiempo desde ese primer encuentro con ese deporte, pero sé que, hoy por hoy, con su tabla de surf ha recorrido el mundo buscando las mejores olas.

Cualquiera que sea la actividad por la cual te sientas atraído, bien sea un deporte o un pasatiempo, no dudes en aprenderlo y practicarlo. A todo lo que te dé bienestar dale cabida en tu vida, así como al descanso. El *dolce far niente* (es decir, «lo dulce de no hacer nada», filosofía italiana que predica disfrutar de la ociosidad) no solo está hecho para los italianos, sino para todos los habitantes de la tierra. Recuerda que para todo hay tiempo.

4. Cambia tus hábitos y ten un estilo de vida más saludable

Tener salud lo es todo en la vida, es la riqueza real. Es sentirse lleno de vitalidad para realizar todo aquello que te hace feliz. Descuidar de tu salud es morir lentamente, no hay dinero que reemplace tan preciado regalo. Sin salud, no tenemos nada. Si te encuentras en un lugar en donde te has descuidado de ella, ¿qué esperar para tomar cartas en el asunto? Hoy puedes dar ese paso para revitalizarte haciendo lo siguiente:

- **Come saludable.** Brinda a tu cuerpo los mejores nutrientes. Esto te potenciará.
- **Haz ejercicios.** La actividad física es excelente para perder peso o para mejorar la fuerza muscular y la resistencia. Su práctica constante reduce el riesgo de padecer enfermedades como la diabetes o las de tipo cardiovascular.
- **Duerme bien.** El descanso es fundamental para recuperar las fuerzas diariamente y pensar con más claridad.
- **Medita, ora y agradece.** Con este tipo de actividades relajas tu cuerpo y alivias las tensiones, mantienes la mente enfocada en lo bueno del presente, eliminando el flujo de pensamientos desempoderantes, aprendes a desarrollar una relación personal con Dios y logras tener mayor optimismo, fuerza mental y felicidad.
- **Toma vitaminas.** Este hábito fortalece el sistema inmune y te ayuda a mantener activo.
- **Toma mucha agua.** Además de mantenernos hidratados, nuestro cuerpo necesita mucha agua para hacer mejor sus funciones.
- **Aprende algo nuevo.** Nelson Mandela enfatizaba que «la educación es el gran motor para el desarrollo personal, y el arma más poderosa para cambiar el mundo». Aprender algo nuevo

tiene grandes beneficios, no solo nos permite estimular el intercambio de información y conocimiento, sino que también eleva nuestra autoestima, aumenta la creatividad y aviva la satisfacción.

5. Busca ayuda profesional

Si estás cansado, triste o preocupado y no tienes más fuerzas para seguir, habla con alguien para que descargues ese tren de emociones negativas, sanes y le des un nuevo significado a cualquiera que sea la situación que te esté agobiando. Para ello, mis consejos son:

1. **Abre tu corazón.** Comparte tus experiencias y tu dolor con alguien de tu confianza o un profesional. No te sientas mal ni avergonzado por lo que te sucede.
2. **Escucha y aplica los consejos de los profesionales.** De esta manera te estarás responsabilizando por tu vida y por tus decisiones.
3. **No niegues lo que has vivido o estás viviendo.** Esta actitud te ayudará a mirarte en un espejo, pero de una manera más dulce y amable contigo, además, de que podrás restituir cada escena en su lugar y limpiar tu alma para sanar recuerdos

y vivencias. Recuerda siempre que el tiempo lo pone todo en su lugar.

Hoy te invito a que hagas una lista de todas las cosas que necesitan ser revitalizadas en tu vida. Para ello puedes preguntarte ¿cuáles son las áreas que sientes que están muertas?, o ¿cuáles son las partes que necesitas reconstruir?

Con las sugerencias y técnicas de este capítulo comprobarás cómo la energía de la revitalización le dará un nuevo giro y aire a tu vida. Hazlo por ti y verás que vale la pena.

QUINTA PRÁCTICA: CINCO PASOS PARA REVITALIZARTE

Cuando ya no aguantes más, tienes que frenar. Este quinto ejercicio lo he preparado especialmente para cuando no tengas fuerzas y quieras revitalizarte. Es importante que sigas cada uno de los pasos en orden cronológico, tal y como está aquí expresado:

1. Sal a un espacio abierto y conecta con la naturaleza, siéntela.
2. Cierra tus ojos.
3. Toma aire fresco y respira profundo.
4. Presta atención a tus pensamientos, analízalos.
5. Identifica tus emociones. No las ignores, siéntenlas y conecta con ellas, pero no dejes que te controlen.

Luego de hacer varias respiraciones y te sientas más calmado puedes retomar lo que estabas haciendo. La práctica constante de este ejercicio te dará más claridad para poder seguir.

Recuerda que mientras haya vida y respiremos, hay esperanza de vivir nuestro propósito. No importa tu edad y tus circunstancias, si estás respirando puedes seguir avanzando. Por último, no olvides que ante cualquier situación desafiante, recuerda esta frase: «Si estás pasando por un mal momento, sigue caminando. Lo malo es el momento no tú» (anónimo).

Capítulo 6
Reinvéntate

«Los momentos definitivos son intersecciones que nos dan la oportunidad de hacer un giro, cambiar de dirección y buscar un nuevo destino».

John C. Maxwell

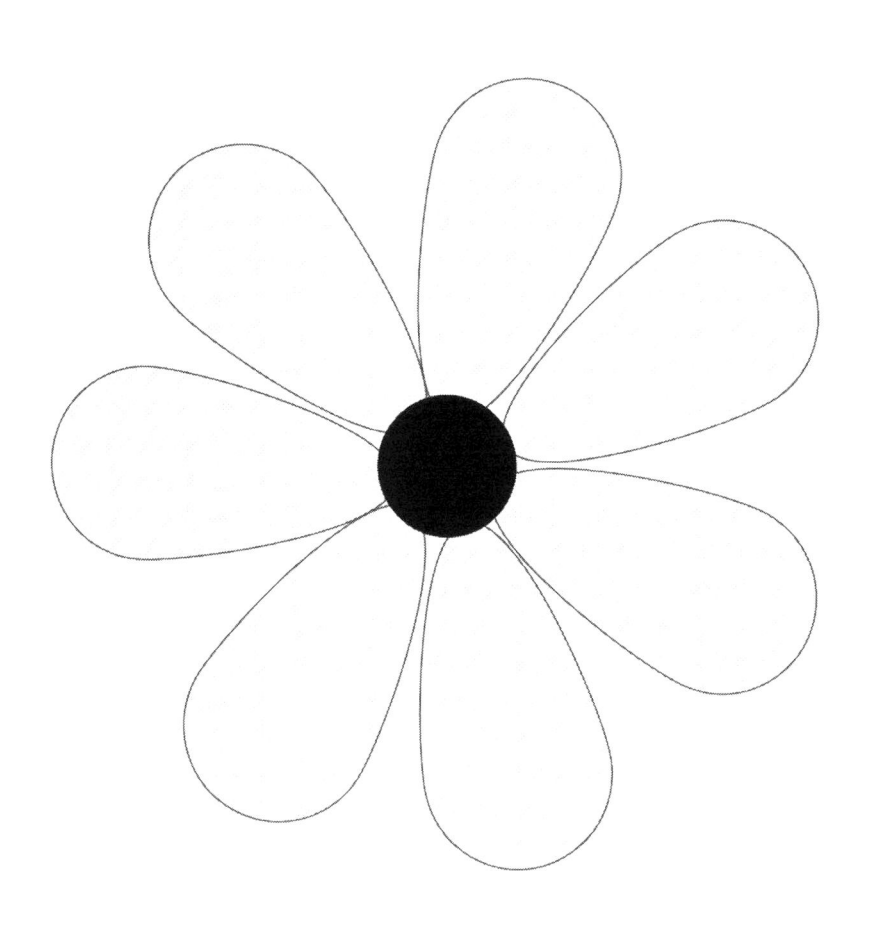

En este preciso instante hay alguien preparando una maleta para un viaje sin retorno. Hoy más que nunca sabe que el futuro es incierto, pero ha tomado una decisión y es la de seguir adelante. Mientras selecciona metódicamente sus prendas de vestir entre otros artículos personales, le invade un torbellino de sentimientos porque no conoce lo que le espera, sin embargo, tiene fe y confianza en sí mismo.

La persona de la que estoy hablando ha decidido transformar su vida, mudándose de la ciudad en la que vive y empezar desde cero, por lo que está iniciando el camino de su reinvención. Muchos ahora se pueden estar viendo en este espejo, por lo que si tú eres una de esas personas, que metió su vida en una maleta, entenderás bien de qué te estoy hablando. Si, en cambio, no te ha tocado tomar esta decisión, pero sí otras en las que te ha tocado transformarte, independientemente de lo que hayas logrado en el pasado y del lugar en donde estabas, también me entenderás. De hecho, yo me encuentro entre quienes se han reinventado no solo por mudanza de país y de ciudad, sino también por motivos de diversas índoles.

Como seres humanos podemos tener muchísimas razones para reinventarnos. A veces, el propio impulso personal o una llamada interna nos motivan a hacerlo. En este escenario, por lo general, decidimos tomar otro rumbo porque nos sentimos estancados o desmotivados. Nuestro sentido de la intuición nos dice que debemos reinventarnos para seguir moviéndonos. Quizá no nos haya sucedido algo extraordinario o estemos atravesando una gran crisis personal, simplemente nos damos cuenta de que necesitamos transformar nuestras vidas para alcanzar lo que deseamos.

En otras circunstancias, los giros de la vida nos obligan a transitar el proceso de la reinvención, si es que queremos salir a flote de situaciones que nos están hundiendo en el desasosiego, la desesperanza, la preocupación, todos dolorosos y frustrantes sentimientos. De hecho, la pandemia que causó el covid-19 nos obligó a muchos a repensarnos y buscarnos en otros horizontes para seguir avanzando con nuestros proyectos personales y laborales. Yo también me encuentro en ese grupo que se dio cuenta de que el único camino posible era la reinvención, para avanzar en medio de una situación tan incierta y que tomó desprevenido al mundo entero.

Recuerdo bien que fue en marzo del 2020, cuando se nos llamó a confinarnos en nuestras casas y mantenernos en cuarentena para evitar el contagio del virus. Muchos negocios tuvieron que cerrar sus puertas, entre ellos mi centro de liderazgo que recién había abierto en enero de ese año en la ciudad de

Chicago. Lo que yo tanto había soñado ya no podía estar abierto al público y eso fue devastador para mí, estaba tan entusiasmada por haber logrado la apertura de ese lugar que realmente no sabía qué hacer cuando comenzó la pandemia. Tenía un cronograma de eventos y de capacitaciones hasta que llegó el covid-19 y todo se vino abajo. Mis contratos corporativos entre otros eventos fueron cancelados, ya que estaban prohibidas las actividades y reuniones presenciales al representar un riesgo para la salud por la forma de contagio del virus. Con las puertas cerradas de mi negocio, llegó un momento en el que tuve que detenerme y preguntarme ¿qué voy a hacer ahora? Las cuentas seguían corriendo y había asumido responsabilidades ineludibles. Tuve que pensar en lo que quería hacer y convertirme a partir de ese instante.

Unas semanas después de haber llegado el covid, leí un artículo sobre la importancia de mantenerse conectado con el público y con los clientes a pesar de la pandemia. Yo entendía que tenía que hacer algo, no podía quedarme en donde estaba, de cualquier manera necesitaba reinventarme y empezar de nuevo. La pregunta era cómo lo iba a hacer. Así que decidí tomar el consejo del artículo e inicié mis clases de forma digital, a finales del mes de abril del 2020, facilité mi primera clase. Todos los participantes estaban entusiasmados con esta nueva forma de conexión, pero yo aún me sentía un poco desorientada y angustiada, así que me fui directo de rodillas a la oración y le clamé a Dios. Le dije: «Señor, yo no sé qué hacer en este momento para llevar mi negocio a otro nivel, pero estoy confiada de que tú sí», fue entonces como me llené de fe y esperanza y lo dejé todo en sus manos. Al abrir mi mente, entendí que contaba con mucho más de lo que pensaba, me vinieron miles de ideas y así pude volcarme en lo que sí estaba a mi alcance. Fue de esa manera como detallé mis posibilidades e identifiqué las herramientas, los recursos y las personas con las que contaba y que me ayudarían a continuar.

REINVENTARSE ES TAMBIÉN PROBARSE. CÓMO RESPONDES AL MUNDO CUANDO ESTE TE SACUDE

Robert Tew, una vez, afirmó: «Ponte a prueba todos los días para mejorar y ser mejor. Recuerde, el crecimiento comienza con la decisión de ir más allá de sus circunstancias actuales». A raíz de todo el caos en el mundo, me puse a prueba con el tema de la tecnología y entendí que en vista de que no podía haber contacto presencial, tenía que recurrir a ella, aun cuando no era mi medio preferido. Al ser una persona extrovertida y enérgica, era desmotivador e incluso paradójico recurrir a una fría pantalla para dictar charlas motivacionales. En lo particular, me gusta el calor humano y mirar a las personas a los ojos, pero si quería que mi negocio continuase creciendo tenía que utilizar esta vía. Contaba con una oficina equipada con los suficientes dispositivos electrónicos para migrar mis cursos hacia lo digital sin ningún problema. Además, tenía una buena red de contactos, un gran conocimiento y experiencia como conferencista por lo que nada me impedía ponerme manos a la obra. Así que empecé por enviar un mensaje a todos mis clientes y dirigirlos a la plataforma virtual. Lo demás es historia: en ese año pandémico del 2020 capacité a miles de personas a nivel global. Sencillamente, eso fue posible porque me reinventé como otras tantas veces lo había hecho en mi vida.

LA PERSPECTIVA Y ACTITUD IMPORTAN

Es necesario entender que para reinventarse es indispensable cambiar de perspectiva para así cambiar de actitud, ya que ambas tienen una gran fuerza en nuestros resultados. Ellas nos ayudan a enfrentar las situaciones difíciles que van surgiendo en el transcurso de la vida. Muchas veces las circunstancias hacen que la vida cambie, pero nuestra perspectiva y actitud son la clave para que despleguemos todo el arsenal de ideas que tenemos al alcance para levantarnos si nos hemos caído, o sencillamente para seguir andando en este transitar de la vida que no siempre tiene una vía recta llena de flores; sino que también tiene curvas peligrosas y senderos oscuros.

> Cada adversidad además de representar un momento frustrante, trae consigo grandes oportunidades.

Estoy segura de que las decisiones que tomamos en los momentos difíciles son las que determinan las personas en las que nos vamos convirtiendo. Cada adversidad además de representar un momento frustrante, trae consigo grandes oportunidades. En mi caso, como lo narré al inicio de este libro, antes de ser *coach* y certificarme con John C. Maxwell, trabajé en el área de ventas corporativas y renuncié a un trabajo muy bien remunerado porque, en primer lugar, no estaba creciendo profesionalmente y en segundo lugar, porque tenía un jefe a quien le gustaba humillar al equipo bajo su mando.

Fue allí en donde recordé las palabras de mi pastor: «Si tú estás en un lugar donde no hay crecimiento profesional, personal y espiritual, ese no es un buen lugar para ti». Yo supe en ese instante que esa no era la empresa para la cual yo quería trabajar, mis ojos se abrieron y pude observar la oportunidad perfecta que me permitió tomar el rumbo de la reinvención empresarial. Fue lo mejor que me pudo pasar. Aunque fue un momento difícil al no contar con otro ingreso adicional se abrió para mí un mundo de posibilidades. Por esto sé que cada adversidad trae consigo grandes oportunidades. Si yo no hubiera pasado por esa terrible experiencia laboral, nunca me hubiera convertido en la mujer que soy hoy día, una oradora motivacional que ha ayudado a miles de personas en sus procesos de transformación personal. Esto es un claro ejemplo de que primero tiene que llegar la lección a tu vida, para que luego recibas la bendición.

Esta es la razón por la cual afirmo que, cuando las cosas no marchan bien, uno debe retomar el control de su vida las veces que sean necesarias para buscar un nuevo horizonte. Todos hemos pasado por momentos de incertidumbre, desilusiones, traiciones, enojos y frustraciones, es decir, nos ha tocado vivir en altas y bajas, pero está en uno seguir dando pasos firmes de fe y reinventarse día a día.

Ahora bien, la reinvención no significa olvidarse de quien eres, sino de continuar con los recursos a tu alcance, desde el lugar en donde te encuentres, manteniendo el enfoque de lo que quieres lograr y en quien te quieres convertir. Todos los días presenciamos o vivimos momentos incómodos que nos pueden mover internamente, pero tenemos que decidir si dicha situación nos empujará hacia delante o nos moverá hacia atrás.

Es por esto que, en primer lugar, quisiera preguntarte: ¿cómo enfrentas los momentos difíciles en tu vida? Piensa en la última situación desagradable o momento incómodo que viviste, ¿qué hiciste?, ¿cuál fue tu reacción?, ¿a quién acudiste?, ¿pediste ayuda? Que hayas salido o no a flote de esa situación probablemente dependió de dos aspectos muy importantes, uno se llama **perspectiva**, que tiene que ver con el lente de optimismo con el que hayas mirado la situación y la otra tiene que ver con la **actitud** que es la manera en que te conduces. La actitud es la que definirá si tendrás éxito o no en medio de un proceso de reinvención, ya que la clave para afrontar cualquier hecho radica en cómo respondes, cuán abierto y disciplinado eres y en lo positivo que te mantengas.

Por otra parte, quisiera preguntarte ¿cómo es la calidad de tus pensamientos? Tu perspectiva y actitud ante los eventos difíciles marcarán la diferencia, ya que si adoptas buenos pensamientos hacia ti y te valoras, podrás sacar lo mejor de tu persona. Recuerdo que una de mis alumnas adoptó estos dos aspectos en una situación difícil y eso la ayudó mucho. Su automóvil la dejó varada en medio de la autopista y frente a ese evento recordó lo aprendido en clase, revirtió sus malos pensamientos en unos más favorables y positivos, llevándola a observar su situación desde otra perspectiva. Ella podía fácilmente frustrarse, enojarse e incluso quedar paralizada por el miedo de estar accidentada en una vía pública. En cambio pensó, en cómo debía actuar y allí supo lo que tenía que hacer, lo cual se reducía a pedir ayuda y mantener la calma. Además de que se convenció de que ese hecho le había sucedido por alguna razón en particular. Así fue como le dio un buen sentido a la situación y hasta pudo contar las bendiciones de ese día.

Recuerda entonces que cuando estás al frente de un evento que te reta, puedes revertirlo. Incluso, cuando las personas viven una crisis y pierden inesperadamente su trabajo, lo mejor que pueden hacer es darle un nuevo sentido a ese desafiante momento. En efecto, durante la pandemia por el covid-19 muchos se quedaron sin empleo y otros quebraron, pero solo quienes actuaron con resiliencia y resistencia se reinventaron.

Muchos se descubrieron a sí mismos, desarrollaron nuevas habilidades y se enfocaron en sus talentos naturales para poder construir nuevas formas de ingresos, tener un mejor estilo de vida y libertad de tiempo. Esta es la razón del aumento de nuevos negocios y empresarios que se desarrollaron después de la pandemia. A raíz de esa crisis mundial muchas personas no han querido volver a sus trabajos porque en medio del confinamiento pudieron ver el valor que poseían y decidieron seguir laborando para ellos mismos.

Es justamente por esta razón que en el proceso de reinventarnos, también tenemos que considerar que esto se basa en tomar nuevas decisiones y emprender un nuevo camino de oportunidades. Esa es la mentalidad que debemos tener cuando se trata de aprender nuevas formas de vivir. Ahora bien, no tenemos que comenzar un nuevo trabajo o cambiar de oficio para reinventarnos, lo podemos hacer por medio de la práctica de una nueva actividad, adquisición de nuevos conocimientos, búsqueda de aventuras o cambios de nuestra imagen personal. Incluso, a veces la autoestima necesita ser reinventada porque quizá la hayamos lacerado en cierta manera. Todos estos son caminos para seguir avanzando en nuestra vida.

CREATIVIDAD E INICIATIVA EN EL REINVENTO

En este camino, la iniciativa y la creatividad para adaptarnos a nuevos escenarios también son determinantes. Al respecto, hay una frase de Charles Darwin que realmente me encanta, porque habla sobre cómo los seres humanos que logran adaptarse son los que pueden avanzar. Dice así: «El hombre al que le preocupa gastar una hora de su tiempo todavía no ha descubierto el valor de la vida. No es el más fuerte de las especies el que sobrevive y tampoco es el más inteligente el que sobrevive, es aquel que es más adaptable al cambio».

Esto me recuerda que en los momentos infortunados, es cuando cada cual saca lo mejor de sí mismo, es allí donde se moldea el carácter y se presentan esas oportunidades que no podemos ver cuando todo está bien. Hay personas que a pesar de la adversidad son resistentes y difíciles de ser lastimados, en cambio, hay otros que cualquier golpe de la vida los sacude de tal manera que son quebrantados.

LAS SIETE REGLAS DE LA REINVENCIÓN

Que nadie te diga lo contrario, comenzar de nuevo nunca es fácil, eso ya lo asimilamos. La incertidumbre, las inseguridades y los obstáculos pueden aparecer. Peor aún, puede presentarse el miedo, un sentimiento que nunca es bien recibido, ya que puede provocar que te paralices o que tires la toalla, la fórmula radica en enfrentarlo y no ignorar su existencia. Ten presente que si el miedo te detiene serás incapaz de hacer cualquier cosa, menos de reinventarte ante un momento de prueba. Por esto es que reinventarse requiere de valentía y coraje, para dirigirte a un lugar de cambio y crecimiento. Considera que solo hay dos caminos; seguir con más fuerza o simplemente quedarse atrás.

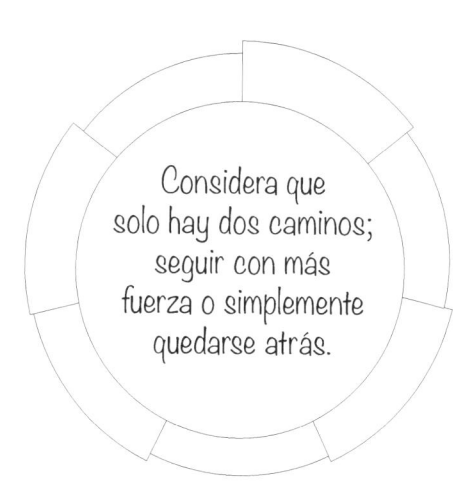

Considera que solo hay dos caminos; seguir con más fuerza o simplemente quedarse atrás.

En algún momento escuché que una flecha solo puede ser lanzada moviéndola hacia atrás, así que cuando la vida te lleve hacia esas situaciones difíciles, ¡prepárate!, porque esto significa que te va a lanzar hacia momentos extraordinarios, solo enfócate y apunta bien. Eso es exactamente lo que yo he hecho en mis procesos de reinvención. He sabido detenerme y dar un paso hacia atrás con la firme convicción de que esta acción me impulsará hacia grandes logros y momentos increíbles.

Cuando migré mi negocio hacia lo digital, por supuesto que tuve mis dudas, pero tenía la necesidad de hacer un cambio urgente y no quedarme paralizada. Tenía que lanzar una flecha si quería llevar a mi negocio a otro nivel y así sucedió. De ese proceso, pude construir siete reglas que te ayudarán a reinventarte:

1. Frena y enfrenta tu realidad

Medita, aprende y acciona, antes de que la vida te obligue ¿por qué es importante hacer una pausa?, ¿cuántas veces te has detenido a analizar tu situación actual? En tu proceso de reinvención, es importante hacer esa pausa y observar qué está funcionando y qué no. Constantemente estamos en movimiento y crecimiento. Si verdaderamente deseamos reencontrarnos y hacer cambios transformacionales es importante que nunca dejemos de aprender; hacer ese alto, siempre nos brindará la oportunidad de analizar nuestras fortalezas y debilidades, así como las posibilidades y oportunidades que se nos presenten.

2. Abandona la zona de confort y sé consciente

En ocasiones, la mejor alternativa no siempre es la más fácil, por el contrario, tiende a ser la más difícil. Esto equivale a que bajo ninguna circunstancia te debes quedar en tu zona de comodidad, independientemente de qué tan retadora esta sea. Tienes que ser consciente y enfrentar tu realidad para poder discernir y tomar mejores decisiones, no puedes escapar de ella. Ten en cuenta que si no es por los momentos difíciles que nos sacan de nuestra zona de confort, nunca pudiéramos aprender, crecer y menos convertirnos en lo que hoy somos.

3. No te conformes y supera tus propias expectativas

Esfuérzate y ve detrás de lo que mereces. Superar tus propias expectativas tiene que ver con impulsarte de lo ordinario a lo extraordinario o, como dicen por ahí, «ir la milla extra» porque mientras estás esperando un resultado, puedes proponerte ir más allá de la meta que te has establecido. Nadie sabe qué tan lejos puedes llegar, solo tú. Conoce tu gran potencial y maximízalo. Si logras lo que te has propuesto, sentirás una sensación muy agradable que será el motor para que sigas avanzando. John F. Kennedy dijo: «La conformidad es el carcelero de la libertad y el enemigo del crecimiento».

4. Adopta nuevas perspectivas y mantén la mente abierta
Si te encierras o te lamentas, no podrás ver el mundo de posibilidades que hay a tu alrededor, es fundamental abrirse y adoptar nuevas perspectivas para reinventarse y disfrutar de los procesos de la vida. Esto nos brinda la oportunidad de sentir y pensar de otra forma, estimulándonos a ser pacientes, tolerantes y comprensivos con los demás.

5. Sé paciente y enfócate en lo que quieres lograr
Cuando se trata de alcanzar ese lugar de satisfacción, bienestar y felicidad, la velocidad no es lo más importante, sino mantenerse enfocado, constante y paciente en el trayecto, ya que te encontrarás con muchos inconvenientes y dificultades que te querrán desviar de lo que quieres lograr. Por tanto, tener una actitud y mentalidad positiva es crucial para transitar en ese camino. Esto será indispensable para aprender a resolver problemas y superar los obstáculos eventuales que se te presenten.

6. Cree en ti, querer es poder

Cuando todo va bien es muy fácil confiar y creer en uno mismo, pero ¿qué pasa cuando la vida te golpea inesperadamente? Lo más común es que te cuestiones, te reproches, dudes y desvalorices tu gran ser, es por eso que construir tu autoestima y autoconfianza te darán la seguridad en ti mismo y las fuerzas necesarias para avanzar en los momentos más cruciales.

7. Toma acción, aprende a seguir o te quedarás atrás

No puedes pensar en lo que fue y pudo haber sido, sino en lo que será. Robert Kiyosaki dijo: «La gente responde diferente ante los tiempos difíciles. Algunos corren lejos del peligro, otros viven en la ignorancia mientras que la gente inteligente lucha y luchando florecen». El único modo de salir con victoria de una situación difícil es luchando. Dando lo mejor de ti mismo. Ser tu mejor versión es cuestión de decisión y eso depende de ti. ¡Sigue moviéndote!

> El único modo de salir con victoria de una situación difícil es luchando. Dando lo mejor de ti mismo.

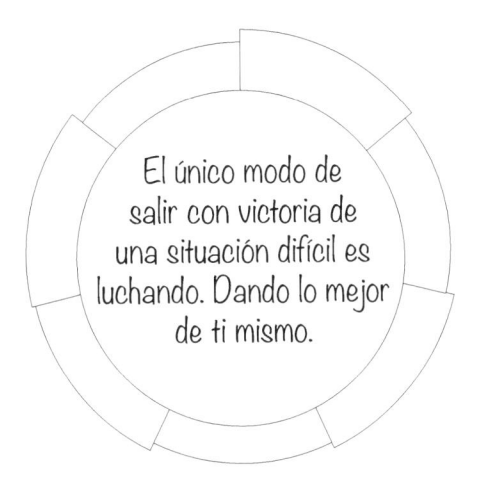

DALE UN GIRO A TU VIDA

La actriz Karen Allen dijo alguna vez: «Pensé, tengo que reinventarme. Quiero que todos los días la vida sea maravillosa, fascinante, interesante y creativa. ¿Y qué voy a hacer para que eso suceda?». La actriz nos hace referencia a sus anhelos y es consciente de que decirlo no es suficiente, hay que ir directamente a la acción. Probablemente te identifiques con esta frase porque quieres lo mejor para tu vida y la pregunta que te estés haciendo sea la misma: ¿qué puedo hacer? Volver a empezar nunca será fácil, si miramos las olas del mar, ellas son nuestro mejor ejemplo, las mismas vienen y van con un movimiento constante independientemente del factor del tiempo, nunca se detienen y nunca dejan de cumplir con su propósito. Como individuos debemos estar alerta y entender que vendrán procesos retadores e incómodos a nuestras vidas, pero si queremos lograr que cada día sea maravilloso así como lo manifiesta Allen, es necesario superar los vientos y mareas que la misma te presente.

Ahora bien, tomar la iniciativa y hacer un cambio de vida requiere de intencionalidad y valentía. Recuerdo que en mi proceso de reinvención ninguna de mis mudanzas fueron fáciles, pero sí de gran aprendizaje y crecimiento. Cuando decidí mudarme de Puerto Rico a la ciudad de Chicago, me enfrenté no solo al cambio cultural, sino que tuve que aprender un nuevo idioma. Fue un largo proceso de transición, descubrimiento y adaptación que agregó valor a mi vida. El mismo eventualmente me trajo grandes satisfacciones, porque no solo aprendí un nuevo idioma, sino que también estudié una carrera universitaria y emprendí nuevos negocios.

Cuando me mudé de Chicago a Houston, puedo decir que el proceso de reinvención fue un poco diferente, ya que no comencé desde cero sino desde la experiencia, esta reinvención me ayudó aplicar todos los conocimientos adquiridos y poder vivir con satisfacción lo que hasta el momento he logrado.

BENEFICIOS DE LA REINVENCIÓN

Para que inicies tu proceso de reinvención, me gustaría que reflexionaras en aquello que pudiera darte mayor satisfacción y traiga mejores beneficios a tu vida. Recuerda que al final esa imagen mental será aquello en lo que te vas a convertir cuando te reinventes, por esto te quiero preguntar:

- ¿Por qué es importante para ti reinventarte?
- ¿Cuál es tu situación actual? Sé realista.
- ¿Sabes cuál es el proceso que utilizarás para reinventarte?
- ¿Qué necesitas cambiar?
- ¿Qué puedes hacer y qué tienes para lograrlo?

Ten siempre presente que nadie puede reinventarse por ti, tienes que hacerlo y descubrir tu propia manera. Por esto es que cada una de tus acciones tiene que ser consistente con la forma en la que piensas de ti mismo. En mi proceso personal, he descubierto que la reinvención me ha ayudado a:

1. Alcanzar la felicidad
La primera forma de reinventarse es considerar tu felicidad y darla por sentado como un derecho. No

puedes ser feliz si no conoces lo mejor de ti. Hay una frase del escritor Elbert Hubbard que dice: «La felicidad es un hábito, cultívalo», lo cual quiere decir que esta no se trata de un estado de ánimo, sino de un estilo de vida.

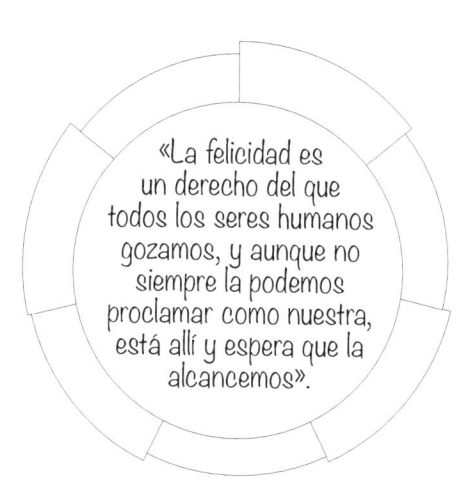

«La felicidad es un derecho del que todos los seres humanos gozamos, y aunque no siempre la podemos proclamar como nuestra, está allí y espera que la alcancemos».

En mi libro *La llave al éxito* mencioné que «la felicidad es un derecho del que todos los seres humanos gozamos, y aunque no siempre la podemos proclamar como nuestra, está allí y espera que la alcancemos». Si no sabes qué hacer para encontrar tu felicidad, una buena táctica para averiguarlo es preguntarte lo contrario, es decir ¿qué no te satisface o qué no te hace feliz? Estas preguntas te ayudarán a reflexionar e identificar lo que te gusta, lo que te llena, lo que te satisface y lo que te apasiona, para que al final del camino puedas tomar mejores decisiones que te permitan ser fiel a tus sueños y anhelos.

2. Aprovechar las oportunidades

En la vida hay muchas alternativas. Reflexiona sobre las oportunidades que tienes a tu alcance y pregúntate: ¿qué puedo aprovechar ahora en medio de mi situación? No importan tus circunstancias, identifica tus posibilidades y eso abrirá tu mente. Cada situación difícil siempre trae consigo distintas oportunidades, pero solamente podrás verlas si tienes los ojos abiertos. Esto tiene que ver mucho con el lente de optimismo con que veas cada situación y cómo puedes sacarle provecho. Para ello contesta: ¿de qué manera puedo seguir adelante con los recursos que tengo disponibles? Esto no solo te ayudará a despertar la esperanza y fe que necesitas, sino también, distinguir el momento al que puedes aferrarte y continuar creciendo como persona y profesional.

3. Afrontar las dificultades de la vida con confianza

Todos los días pueden ser retadores y se necesita una gran cantidad de valentía y confianza para enfrentar los mismos, pero independientemente de tus circunstancias, puedes vencer los obstáculos y barreras que se te presenten. En los momentos de encrucijada, te servirá muchísimo contestar con sinceridad las siguientes interrogantes:

- ¿Cuáles son las posibles estrategias para iniciar desde donde estoy? Esto tiene que ver con analizar los posibles sistemas y métodos que conoces y que puedan ser útiles en medio de tu situación.
- ¿Por qué me urge en medio de mi reinvención tomar decisiones que me permitan crear mi mejor versión? En primer lugar, debe existir en ti ese deseo y anhelo de cambio para dejar de repetir los mismos patrones de conductas, que por años no te han funcionado y te han saboteado. Eso implica dejar de tomar malas decisiones, ser más consciente y adoptar una buena actitud; la idea de esto es que logres mucho más en comparación al estilo de vida en el que vivías antes.
- ¿Qué decisiones sabias debo tomar a partir de hoy para transformar mi vida de modo efectivo? Esta pregunta tiene que ver con la intencionalidad con la que planeas y te comprometes en tu proceso.
- ¿Cómo puedo sacar lo mejor de mí centrándome en mis fortalezas? Saber de lo que eres capaz te ayudará mucho a lograr el éxito que deseas, tener la certeza de las áreas en las que mejor te desenvuelves es fundamental para maximizar tus resultados. Piensa que nada se logra por arte de magia en la vida, pero saber usar tus

fortalezas será de gran ventaja. Para nadie es un secreto que muchas personas se han reinventado al hacer uso de sus talentos y dones naturales, de hecho, la base de cualquier emprendimiento exitoso parte de ellos.

- ¿Cuáles pueden ser los posibles factores negativos que me impidan lograrlo? Algunos de los factores que pueden impedir tu proceso de reinvención con éxito son:

1. Pensamientos y actitudes negativas.
2. El no ser consciente y honesto ante cualquier situación.
3. La falta de compromiso.
4. Dejar que el miedo te venza.
5. Frustrarse y tomar decisiones apresuradas.

Por consiguiente, para enfrentar y vencer los obstáculos que se presentan en el camino lo mejor que puedes hacer es anticiparte a ellos. Esto quiere decir que puedes prever lo malo sin ser fatalista. Al haber anticipado, puedes identificar alguna alternativa y de esa manera sabrás qué hacer para salir airoso.

¿CÓMO REINVENTARTE Y CONSTRUIR LA VIDA QUE MERECES?

La vida nos regala todos los días la oportunidad de comenzar de nuevo y está en ti aprovechar esa gran bendición. Ahora bien, ¿cómo puedes sacarle el mayor provecho a tu presente? Al hacerte esta pregunta podrás reflexionar qué es lo que quieres en la vida sin perder más el tiempo. Para esto es vital detectar algunas de las acciones que te impiden avanzar, analicemos:

- **Dar prioridad a tus temores**
Por lo general quien tiene miedo, no confía en sí mismo. El miedo crece cuando se alimenta. Es como cuando hacemos una fogata, mientras más leña le echas más grande es el fuego. Si no quieres que tus temores se apoderen de ti, entonces alimenta tu confianza y seguridad. Recuerda que en ti hay grandeza, decide hoy indagar en tu ser interior, reconoce tus mayores dones, utilízalos y conquista tus sueños, porque mientras tú estés alimentando temores infundados, mayor desconfianza vas a tener y no vas a ganar la seguridad que requiere tu reinvención.

- **Anclarte en la inseguridad**
La falta de confianza es uno de los factores determinantes que impiden a la gente reinventarse. Es lógico, quien no se siente capaz, no puede recomenzar, porque

sencillamente siente que no tiene confianza en sí mismo, en sus fortalezas ni en sus capacidades, aunque esto no sea verdad. A estas personas yo siempre les pregunto: ¿qué estás esperando para vivir tu vida? Nadie lo hará por ti. Si eres de los que les gusta mantenerse en un ámbito conocido y familiar, créeme que puedes estar perdiendo muchas oportunidades de crecimiento. Puedes estar hundiéndote en una arena movediza que cada vez más te impedirá seguir hacia delante. Por eso creo que la zona de confort es un área de peligro y lamentablemente muchos se encuentran estancados en ella.

- **No tener valentía**

Ser valiente es una elección que nos pone en marcha para lograr todo lo que nos proponemos, aun cuando se tiene miedo. Nelson Mandela afirmó: «Aprendí que el coraje no es la ausencia de miedo, sino el triunfo sobre él. El hombre valiente no es aquel que no siente miedo, sino el que conquista ese miedo». ¿Quién no ha sentido miedo en algún momento de su vida? Cuando el camino se ponga difícil, confía en tus capacidades y habilidades y enfrenta cada situación con fe, valentía y coraje.

- **Aferrarse y no dejar ir**

Dejar ir es un proceso muy difícil pero necesario para sanar, experimentar alegría y seguir progresando, como lo abarcamos en la R de renunciar. No te puedes aferrar a lo que no pudo ser, tienes que aceptar y soltar esas cargas para liberarte y no limitarte. No hay manera de lograr el éxito, si no eres capaz de dejar ir todo lo que te ata y te hace daño. Si de verdad quieres construir un mejor futuro, tienes que tomar la decisión consciente de hacerte cargo de tu vida y de no seguir arrastrando con lo que te causa dolor y resentimiento. Recuerda que todo lo que tienes es el hoy, ¡aprovéchalo!, el pasado quedó en el ayer y el futuro es lo que siempre te espera mañana.

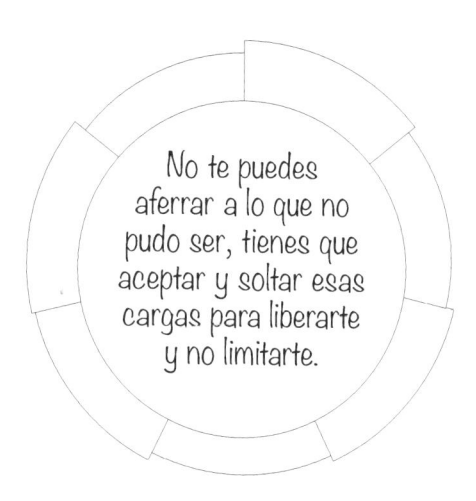

> No te puedes aferrar a lo que no pudo ser, tienes que aceptar y soltar esas cargas para liberarte y no limitarte.

SEIS PASOS PARA REINVENTARTE

No te quedes con las ganas. Si así lo decides, hoy mismo puedes iniciar tu maravilloso proceso de reinvención, uno que sin duda te llenará de vida y de alegrías personales. Aquí te comparto seis pasos infalibles para hacerlo:

1. Conoce quién eres

Entre más conozcas sobre ti, mayor seguridad tendrás y mejores decisiones podrás tomar sobre lo que quieres en la vida. Además, conocer tus valores, esos que te definen como persona, te permitirá saber lo que no es negociable cuando se trate de comenzar de nuevo. Es por esto que valores como la integridad, la responsabilidad y la honestidad definen tu ADN y alterarlos sería un atentado contra ti mismo.

De igual modo, estar consciente de tus creencias te permitirá saber de qué estás hecho y qué puedes lograr. A veces las personas no pueden seguir hacia delante por las creencias limitantes que adoptaron hace muchos años atrás, por eso, nunca está de más autoanalizarse y revisar qué pensamientos nos están limitando y bloqueando.

También debes conocer las cualidades positivas y fortalezas que resaltan naturalmente en ti. Esto te brindará mayor autoconfianza y seguridad para cualquier cruzada que emprendas. Un pequeño ejercicio para descubrir y conocer más sobre tus cualidades y fortalezas es usando tu propio nombre. En un papel escribe tu nombre en letras mayúsculas en forma vertical, en cada una de las letras que forman tu nombre, escribe una fortaleza o cualidad positiva que inicie con esa letra. Por ejemplo, mi nombre es Celinés, entonces escribiré:

Comprometida
Espontánea
Líder
Inteligente
Noble
Entusiasta
Sabia

Luego, dibuja una margarita y la cantidad de pétalos será definida por él número de letras que tiene tu nombre. En cada pétalo escribe esa cualidad que descubriste arriba[4]. La idea de este ejercicio es que recites todos los días esas cualidades y nunca olvides lo maravilloso que eres.

---

4   Ver ilustración.

Reinventate

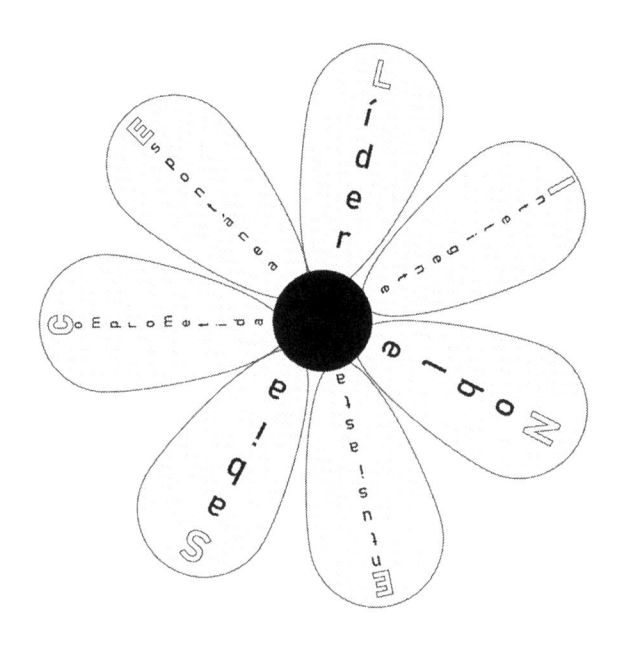

Los pétalos de la flor contienen: Líder, Visionario, Empático, Persistente, Seguro, Comunicador, Innovador, Emprendedor.

Por otro lado, debes saber distinguir muy bien tus debilidades. Ignorarlas es un error que incluso puede hacerte más vulnerable; más bien debes enfrentarlas para saber manejarlas en cualquier escenario. Por ejemplo, si eres una persona muy impaciente, debes buscar las herramientas que te tranquilicen cuando las cosas se salen de tu control. Si tu problema es otro y no dominas bien un área que tu trabajo exige, fórmate en ello. De hecho, a pesar de que la tecnología no es mi fuerte, yo me capacité para poder impartir mis cursos vía *online* y aun cuando estoy lejos de ser una experta, afronté esa debilidad para seguir creciendo con mi negocio.

2. Mira por ti primero, porque nadie lo hará

Lamentablemente no puedes ir a otro nivel si no estás bien contigo mismo. ¿Quién puede ofrecer agua si tiene su vaso vacío? ¡Nadie! Primero debes asegurarte de que tu vaso está lleno no solo para saciar tu sed, sino también, para poder compartir con los demás.

Entonces, nunca olvides que todo inicia contigo, hacer las cosas por ti y para ti, ya que nadie lo hará. No puedes dar lo que no tienes, no puedes cuidar de otros, si primero no cuidas de ti. Esta es la ley de la vida, para vivir a su máximo esplendor y ser feliz hay que estar en perfecta armonía con uno mismo. Esto incluye aprender de tus errores y desaciertos para no repetirlos, así como contar tus bendiciones para ser siempre una persona agradecida. Nunca olvides, que la vida es una gran escuela que nos indica siempre cuáles son las lecciones que debemos aprender.

3. Ensancha tu mente y enriquece tu perspectiva de vida

Tony Robbins en su libro *Poder sin límites*[5] compartió la siguiente frase: «Al abrirse a una perspectiva diferente, enriquecerá y equilibrará mejor su propio punto de vista». Ser una persona abierta te permitirá ver todas las alternativas y soluciones que puede tener una situación.

---

5   Tony Robbins, *Poder sin límites,* (México: Debolsillo, 2010).

Para esto te ayudará ser flexible y ser tolerante ante los cambios de vida, así como tener paciencia y la suficiente confianza en qué cosas maravillosas sucederán si pones de tu parte. Por supuesto, ser respetuoso de las opiniones e ideas de los demás te permitirá conocer las visiones de otras personas, lo cual será enriquecedor a pesar de que no compartas sus posiciones.

4. Céntrate en lo que verdaderamente importa
Si pones tu foco en lo esencial, sabrás cuál es el camino que debes transitar. Para esto, necesitas reflexionar y no permitir que la negatividad te venza en situaciones desafiantes. Ten presente en quién te quieres convertir, qué quieres lograr y qué debes soltar para poder fluir con éxito en la vida. Trabajando en estos factores podrás concentrarte para seguir hacia delante en tu transformación.

5. Desarrolla hábitos de éxito
La vida se compone de hábitos que se desarrollan a través de decisiones conscientes, nadie nace con ellos. Desde que nosotros nos levantamos, regimos nuestras vidas por medio de hábitos y costumbres que nos pueden llevar o no al éxito. Los mismos, en su práctica constante, definirán en quiénes nos convertiremos y cómo viviremos. Por ende, si no somos conscientes de cómo invertimos nuestro tiempo, cada área importante de nuestra vida será afectada.

6. Organízate, ten un plan de acción y cumple tus metas

La reinvención es una decisión y cada decisión debe tener un plan, por esto te propongo el siguiente ejercicio para que puedas planificar tu reinvención. La idea es que respondas las siguientes preguntas para que puedas armar un plan de acción de acuerdo con tus objetivos:

¿Qué quieres lograr?

Olvídate de lo que has hecho y logrado y proyéctate para lo que quieres alcanzar. Con esta sensación mírate en el espejo con orgullo, y confía en lo que Dios te tiene preparado.

Imagina que tu sueño siempre ha sido tener tu propia marca de playeras. ¿Te visualizas vistiendo una de ellas? ¿De qué material te gustaría que fueran? ¿Cuál es su línea de diseño? ¿Cuál es el logo que te gustaría? Pensar en todas estas preguntas abrirá tu mente y sentirás la emoción de todos los que iniciaron un negocio desde cero.

¿Cuándo lo quieres lograr?, ¿en uno, cinco o diez años?

Establecer un lapso te permitirá organizar las acciones necesarias en función del tiempo establecido. En el caso de los emprendimientos, entre más específica y clara sea la meta, habrá mayores probabilidades de que se realice. Así que ponle fecha límite a tus metas prioritarias y hazlas realidad.

¿Qué necesitas para alcanzar tu objetivo principal?
Para ello te servirá hacer una lista minuciosa de todo lo que necesitas. Si es el caso de las playeras, necesitarás diseñadores, proveedores, talleres de costura, entre otros.

¿Identifica qué ya tienes y qué te falta?
Sencillamente esto se trata de distinguir con cuáles recursos cuentas a la mano y cuáles debes buscar. Aquí también puedes pensar en cuáles son tus opciones, herramientas y qué métodos o estrategias vas a utilizar.

Anticipa: ¿qué obstáculos o retos se pueden presentar?
Cualquier negocio puede tener barreras. Quizá sea la falta de capacitación, de tiempo o de dinero. Identifica en tu plan cuáles son esos obstáculos y cómo puedes prepararte para enfrentarlos.

Rinde cuentas
Acércate a alguien de tu entera confianza y pídele que sea esa persona a la cual le puedes contar el progreso

de tu propósito. Rendirle cuentas a una persona es una buena estrategia para motivarte a seguir tu plan y no detenerlo a pesar de los obstáculos que se presenten en el camino.

James Altucher, empresario y bloguero, dijo alguna vez: «Todos los días reinventas. Siempre estás en movimiento. Pero tú decides todos los días: hacia delante o hacia atrás». Por esto, si hoy decides darte la oportunidad de reinventarte, ponte en acción y empieza a construir esa mejor versión de ti mismo con acciones contundentes que te permitan avanzar. El arte de la reinvención te permitirá encontrarte contigo mismo las veces necesarias y descubrir todo tu potencial. Atrévete a reinventarte no solo ante las sacudidas de la vida, sino todos los días como una estrategia para ser más feliz y pleno en tu existencia.

SEXTA PRÁCTICA: REINVENTA LA MANERA DE AHORRAR

Este ejercicio lo he denominado «El reto del sobre», un método de ahorro que se dice está basado en una fórmula descubierta por el matemático alemán Carl Friedrich Gauss, que se hizo viral a través de un *post* en las redes sociales (Facebook). Se trata de una manera muy creativa de ahorrar y con la cual te darás cuenta de que hay miles de maneras de hacer las cosas cuando las quieres hacer y de eso se trata también la reinvención.

Para hacer este reto necesitarás una caja con cien sobres blancos. Cada uno de estos sobres los enumerarás del 1 al 100 y los pondrás en una caja de forma aleatoria, es decir, sin que sigan un orden cronológico.

Cada semana sacarás un sobre y pondrás dentro de él la cantidad de dinero que coincida con el número que previamente escribiste. Por ejemplo, si la primera semana extrajiste de la caja el sobre número veinte, pondrás dentro de él veinte dólares y lo guardarás nuevamente. La semana siguiente, si sacas el sobre número sesenta y cuatro, pondrás sesenta y cuatro dólares dentro de ese sobre y también lo guardarás.

Al final del reto, es decir, a la centésima semana, tendrás ahorrada la cantidad de cinco mil cincuenta dólares. No solo tendrás un capital para emprender un proyecto personal, sino que también habrás reinventado una manera de ahorrar y a lo largo de tu vida recordarás que cuando quieres hacer algo, todo es posible.

Capítulo 7
Realízate

«Si puedes hacer lo que mejor haces y ser feliz estás más adelantado que la mayoría de las personas».
Leonardo DiCaprio

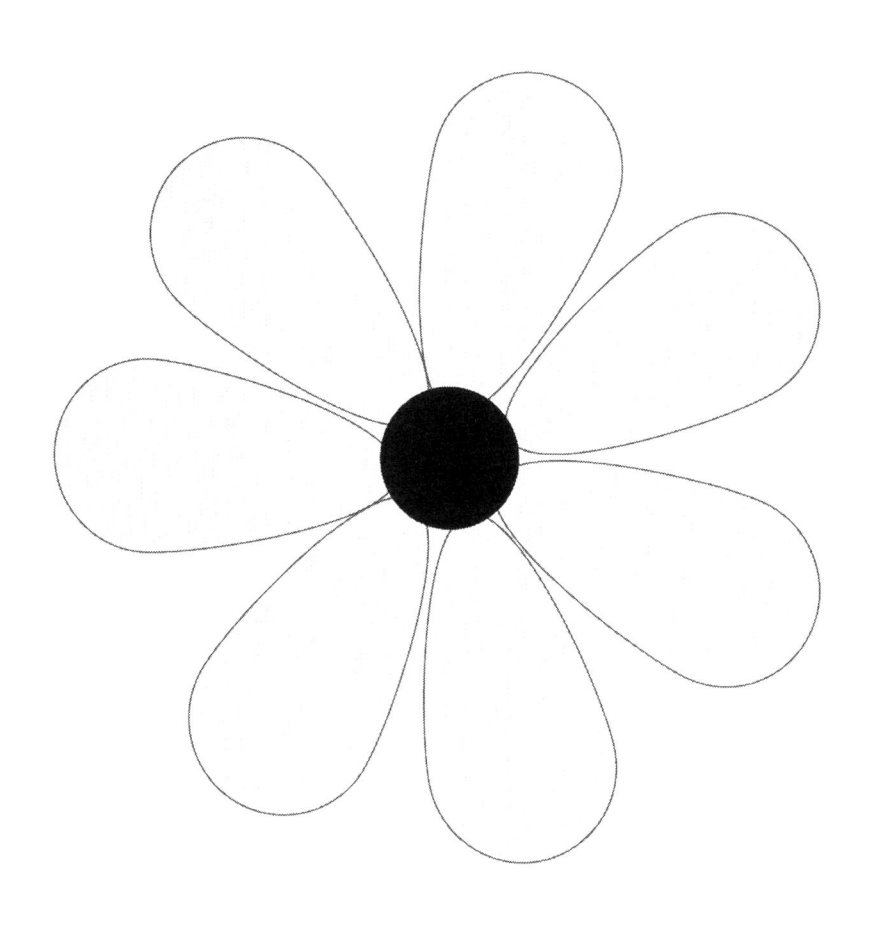

Una vez estaba en un tren y escuché accidentalmente la conversación que animosamente mantenían dos jóvenes. Una le decía a la otra lo mucho que admiraba a su jefe, el dueño de la empresa para la cual trabajaba, un tipo que era muy adinerado que lo tenía todo y que realmente no necesitaba trabajar más. Era una persona que llegaba todos los días mucho antes que el resto del personal, sonriente y con buena actitud. Le ponía empeño y pasión a todo lo que hacía, en realidad era una gran inspiración. La otra joven replicaba que tenía lógica lo que su amiga le contaba sobre su jefe, porque era obvio que él no solo quería dar el ejemplo, sino que seguramente había encontrado su propósito de vida y por ende amaba lo que hacía.

La que trabajaba en el mencionado negocio, continuó describiendo a su jefe y, por lo que pude escuchar, se notaba que él era una persona entusiasta, optimista, humilde, dispuesto a aprender de las demás personas y de las situaciones que la vida le presentaba. Al parecer era un hombre muy trabajador que de hecho, había levantado su negocio de la nada, lo cual no sucedió de la noche a la mañana, ya que según esta joven, fueron muchos los esfuerzos y sacrificios que este señor tuvo que hacer. De acuerdo con la descripción de ella, su jefe era una persona bien disciplinada y congruente, ya que con determinación y paciencia hizo que su negocio prosperara con el paso de los años.

Esta conversación me hizo reflexionar sobre el liderazgo y el éxito. Estoy convencida de que para poder liderar a los demás e impactar sus vidas de manera positiva, tienes que aprender a liderarte a ti mismo primero, esa es la mejor forma de influenciar, inspirar y agregar valor a otros, con el ejemplo. Era evidente que este empresario no solo pudo construir una vida exitosa, sino que con su pasión inspiraba la vida de sus seguidores. Es justamente ese sentimiento de placer el que impulsa a los triunfadores, aquellos que se sienten realizados o satisfechos con sus vidas.

En este último capítulo quisiera preguntarte si alguna vez has experimentado qué es sentirse realizado y todo lo que este hecho conlleva. Te puedo adelantar que es un sentimiento que involucra la felicidad, la plenitud y la armonía y que tiene muy poco que ver con bienes materiales o fortunas.

Probablemente sabes de lo que te estoy hablando. Quizá, saboreaste esa sensación cuando culminaste la universidad o cuando lograste una gran venta después de hacer muchos sacrificios. Tal vez, la sentiste cuando abriste tu propio negocio o cuando compraste tu primera casa. También, la pudiste palpar con tus propias manos cuando cargaste a tu primer hijo. Lo cierto es que hay muchas vías que conducen a la satisfacción personal y este capítulo justamente trata sobre la realización, para que puedas lograr ese cambio transformacional que te ayudará a vivir esa vida que tanto deseas.

CONECTA CON TU SER PARA QUE PUEDAS CONECTAR CON LOS DEMÁS

Abraham Maslow una vez señaló: «La gente autorrealizada tiene un profundo sentimiento de identificación, simpatía y afecto por los seres humanos en general. Sienten el parentesco y conexión, como si todas las personas fuesen miembros de su familia». Y es que cuando tú te sientes feliz y en paz contigo mismo, puedes también sentirlo hacia los demás.

Encontrar ese profundo sentimiento de gozo, paz, felicidad y conexión, no se trata de ganar mucho dinero o alcanzar la fama. El camino de la realización personal, inicia con la intención de lograr un nivel de satisfacción que va más allá de adquirir bienes tangibles. Es decir, se trata de conseguir un encuentro íntimo y muy personal con el ser interior. En esta fórmula hay dos componentes esenciales: por un lado, el hecho de vivir apasionadamente y, por otro lado, centrarnos en nuestras áreas más fuertes para conquistar lo que nos proponemos.

Ahora bien, podemos ver que muchas personas corren por la vida buscando satisfacción personal, pero no la alcanzan porque están enfocando su mirada en cosas que no les emocionan. Esto provoca una desconexión con el ser que vive dentro de ellos y que les dice al oído si están viviendo la vida que realmente quieren vivir.

Haz tú mismo la prueba. Imagínate que todos los días de tu vida hicieras algo que te produce felicidad. ¿Cómo te sentirías?, responde, ¿te emociona pensar en eso? Te aseguro que si haces diariamente algo que te brinde plenitud, estarás mucho mejor que todos aquellos que viven aquejados, frustrados y que nunca pueden encontrar gozo o alegría por lo que hacen.

Es por esto que la realización de la que estamos hablando es un proyecto de vida que al final se traduce en la paz interior y, con ello, en sentir tranquilidad y armonía con uno mismo y con los demás. Desde mi visión personal, los seres humanos debemos buscar ese tipo de felicidad, una que es mucho más valiosa que bienes materiales, que si bien son importantes para vivir una vida con holgura, no lo son todo.

La autorrealización entonces es un profundo sentimiento que marca la diferencia entre vivir de manera trascendental y vivir de forma automática (esa que no le da mayor importancia a la existencia). Yo te aseguro que quien se siente realizado, vive en un estado de plenitud, mientras quien vive contrario a esto, vive de modo deprimente, triste y no valora en realidad su vida y su propósito en la tierra.

No obstante, yo no tengo duda de que cada ser humano que llega a este mundo tiene el deseo de sentirse pleno y quisiera abandonar su existencia terrenal sabiendo que logró todo lo que se planteó y que cumplió con todas sus metas. Hay que tener claro que para llegar a cumplir con ese deseo, es necesario ser persistente, congruente y disciplinado, de otro modo, es fácil victimizarse por las circunstancias de la vida y rendirse. Este tipo de personas, fácilmente, deja que los años transcurran sin hacer algo por lo que alguna vez fueron sus sueños.

Ahora bien, la chispa que nos hace desear la plenitud nunca desaparece de nuestros corazones, por lo que si en el día de hoy te sientes cansado, desilusionado o abrumado por la situación en la que te encuentras, estás a tiempo de revertir lo que te está ocurriendo. El simple hecho de que te hayas motivado a leer este libro, es un indicativo de que quieres cambiar y la buena noticia es que lo puedes hacer.

Todos en la vida, de algún modo u otro, queremos sentirnos realizados, ese lugar en donde se vive la máxima felicidad. Por esta razón, es necesario que aprendas de quienes ya se sienten satisfechos, ya que son fuente de inspiración. Estas son las máximas de vida de estos individuos:

1. **Se enfocan en el crecimiento personal.** Para estos individuos lo más importante es saber en quién se están convirtiendo y no se definen por su pasado. Les emociona saber que se pueden transformar en lo que quieren ser y no descansan hasta obtenerlo.
2. **Viven en constante agradecimiento**. Su mirada no está en lo que les falta, sino que se sienten dichosos por todo lo que ya tienen. Como lo señala Gerald Good: «Si quieres cambiar tu vida, intenta dar las gracias. Cambiará tu vida poderosamente».
3. **Las quejas no son para ellos, su actitud es diferente.** Es muy difícil que los escuches lamentarse por la realidad en la que viven. Ellos no se concentran en las dificultades de la vida o en las tristezas que todo ser humano afronta, más bien adoptan una actitud positiva de cada momento o situación.
4. **Son personas auténticas**. Los autorrealizados no imitan a nadie. Reconocen su valor y no pierden el tiempo enfocándose en los demás. Por tanto,

sacan lo mejor de su yo real y del presente. Son personas únicas, espontáneas y carismáticas.
5. **Poseen un fuerte componente ético y moral.** Son seres íntegros, honestos, humildes y responsables.
6. **Tienen claro qué quieren de la vida y saben cómo lograrlo.** Esto tiene que ver mucho con el profundo conocimiento que tienen sobre sí mismos, porque de esta forma han reconocido de lo que son capaces de hacer.
7. **Su pasión está alineada con sus propósitos.** Es la pasión la que los anima a levantarse todos los días por la mañana, a llegar más temprano que el resto a la actividad de sus sueños, así como lo hace el dueño del negocio del que hablamos al inicio de este capítulo.
8. **Las personas realizadas aman la vida.** Ellos reconocen que cada experiencia de vida tiene su propio valor y lo disfrutan al máximo. Además, no dejan de crecer y siguen evolucionando en lo personal. ¡En definitiva, trascienden!

LA PASIÓN, EL MOTOR QUE NOS MANTIENE EN MOVIMIENTO

Hay una frase que me gusta mucho de Steve Jobs que dice: «La única manera de hacer un gran trabajo es amar lo que hace. Si no ha encontrado todavía algo que ame, siga buscando. No se conforme. Al igual que los asuntos del corazón, sabrá cuando lo encuentre».

Cada vez que yo dicto una conferencia o doy asesorías a emprendedores de todas partes del mundo me siento autorrealizada. Al finalizar cada uno de estos encuentros, me invade una sensación de alegría y motivación, porque siento cómo riego mi alma con sentimientos de gozo y agradecimiento. El hecho de ayudar a las personas a lograr sus proyectos de vida me apasiona, me energiza, me llena, me da felicidad y me ayuda a seguir simultáneamente por este sendero de oradora motivacional que decidí transitar y que me brinda una gran satisfacción personal. Es por esto que, desde mi visión, sentirse una persona realizada tiene que ver más con un regocijo que trae complacencia y que es muy íntimo, muy propio.

Ahora bien, que yo me sienta siempre así cuando dicto conferencias, no quiere decir que no disfrute otras áreas de mi vida y que, a su vez, desee alimentarme y seguir creciendo, tampoco quiere decir que no hayan momentos en los que mis niveles de energía no estén en su máxima potencia. En ocasiones, existirán momentos en los que aunque estés haciendo lo que te apasiona, no contarás con el mejor estado de ánimo y buena actitud. Sabemos que la vida no siempre es color de rosa. De hecho, asumirla de ese modo sería muy ingenuo.

La vida está llena de desafíos y lo que nos hace definitivamente seres humanos plenos es que podemos enfrentar cada dificultad con sabiduría. La verdad es que todos tenemos épocas muy buenas y otras no tan buenas. Además, hay aspectos de nuestras vidas que desarrollamos mejor que otros, pero si somos lo suficientemente intencionales sabremos que todo se puede mejorar y que podemos trabajar en aquellas facetas que sí lo necesitan.

SENTIRSE AUTORREALIZADO ES UN CAMINO Y NO UN DESTINO

Reconocemos que la mayoría de las personas en sus veinte todavía necesitan formarse y capacitarse profesionalmente, es lógico que a esa edad no estén totalmente desarrollados o se sientan realizados. Ya que por lo general disfrutan más su vida social que trabajar en hacer un cambio transformacional. Entonces, hay que tener la suficiente amplitud mental para saber que dentro de nuestro proceso de autorrealización podemos experimentar simultáneamente la satisfacción en un periodo de vida, pero también un nivel de insatisfacción en otra.

Sentir plenitud en un aspecto no significa que lo puedas abandonar o dejarlo a la suerte. Además, tú no puedes decir: «Me siento realizado en esta área y ya no voy a trabajar más en esto», ya que esa satisfacción desaparecerá en el momento en que la dejes de alimentar y así perderás el equilibrio. Es el típico caso de quien no continúa trabajando en sus finanzas porque alcanzó cierto nivel. En cualquier momento se dará cuenta de que ha perdido mucho dinero y deberá volver a enfocarse en ese aspecto de su vida.

En efecto, casi todos, en mayor o menor medida, podemos decir que una situación similar nos ha pasado. Puede que hayas trabajado para obtener el peso ideal, la buena autoestima, un buen trabajo o cualquier otro factor que te daba un enorme gusto. Es fácil perder todo esto cuando te desenfocas. La buena noticia siempre será que podemos retomar el foco y trabajar en esa área para restablecer nuestro equilibrio.

Es importante entonces estar consciente de que gozar de la satisfacción en un ámbito de la vida y no en otro es totalmente válido. Quizá te preguntes cómo hacerlo y para ello te recuerdo que solo los optimistas no permiten que se opaquen sus triunfos por los problemas que puedan llegar a tener.

Ten presente que los problemas aparecerán, tendrás que enfrentar conflictos y afrontar situaciones inesperadas, no obstante no vale la pena dejarse llevar por la espiral de la desesperación, sino más bien, siempre debes aferrarte a la única escalera que te puede llevar al cielo, aun cuando estés en la tierra, y que no es más que aquella conformada por los peldaños que configuran la satisfacción integral.

Esta es la diferencia entre el que siente la satisfacción personal como un asunto de encuentro personal y quien se enfoca o concentra en lo malo que le pasa. El primero sabe que debe ir en busca del equilibrio, trata de vivir conforme a lo bueno que le sucede y en gratitud, mientras que el segundo se angustia, enfurece o entristece por las injusticias de las que se cree víctima.

Albert Ellis dijo alguna vez: «Cuando una persona se enfrenta a la adversidad o a un problema importante, lo soluciona si lo enfoca de manera creativa». Este autor nos recuerda que la vida nos presenta situaciones inesperadas, pero como seres humanos podemos superar los retos que se nos presenten, si nos enfocamos en las soluciones de manera creativa para lograr ser personas autorrealizadas.

Tales maneras para hacer ese trabajo personal se pueden hacer de varias formas:

- Cumpliendo con tus expectativas, de ir más allá de lo esperado.
- Trabajando de manera persistente por alcanzar tus sueños y sin colocar excusas.
- No olvidándote de tus valores.
- No rindiéndote tan fácilmente, en especial cuando el camino se pone cuesta arriba y aparecen las trabas más sorpresivas.

La persona que es autorrealizada, es consciente de que los cambios por lo general, no se dan de la noche a la mañana. Esto es un proyecto de vida para el cual se requiere hacer descubrimientos personales y construir experiencias trascendentales. Es decir, un plan de vida para ser desarrollado en la cotidianidad porque todos los días es necesario trabajar en todo aquello que es impostergable. Desde este punto de vista, la realización personal es un proceso que no tiene punto final, sino que es un trabajo de constante construcción.

¿POR QUÉ ES IMPORTANTE PREPARARNOS?

El filósofo Confucio dijo alguna vez: «El éxito depende de la preparación previa y sin ella seguro que llega el fracaso». Así como lo señala Confucio, si quieres ser una persona exitosa, debes estar constantemente preparándote, desarrollándote y descubriéndote.

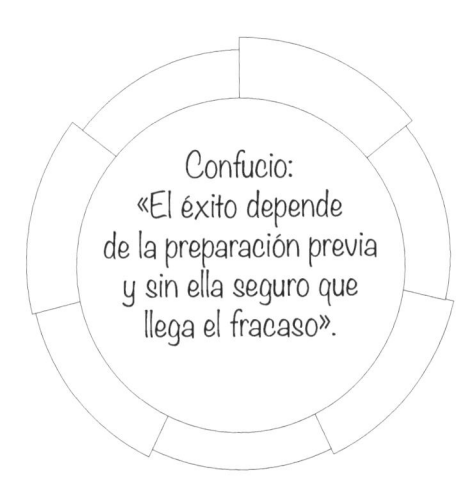

Confucio: «El éxito depende de la preparación previa y sin ella seguro que llega el fracaso».

La autorrealización personal es posible cuando las personas amplían sus habilidades y son congruentes con lo que sienten, piensan y hacen. Por lo tanto, quienes se sienten satisfechos con sus vidas, por lo general:

- No buscan fingir ser alguien que no son. Viven en transparencia, sin rodeos, de manera clara y objetiva.

- Sienten la libertad de ser ellos mismos. Libres de hacer lo que quieran, sin limitaciones. Están conectados con su ser interior y con todo aquello que les rodea.
- Aprovechan las oportunidades. Este tipo de personas saca el máximo provecho a la vida y no pierden su tiempo en asuntos triviales.
- Son seguros de sí mismos, autónomos y capaces.

Es por ello que quien se siente satisfecho vincula su propia felicidad a sus aspiraciones y propósito de vida. Por lo contrario, quienes no estén trabajando en ese proceso, por lo general, dudan de sus talentos o no tienen sus propósitos completamente claros.

Las personas no autorrealizadas comparten las siguientes actitudes, por lo que son muy fáciles de identificar:

- Existen, pero no viven. No saben para qué fueron creados y no tienen interés por descubrirlo. Viven confundidos, sin dirección y sin claridad.
- No son personas que trabajan por las aspiraciones que están en su mente o bien no tienen ningún tipo de anhelo. En ambos casos son sujetos que no trabajan por algo trascendental.

- No les interesa convertirse en una mejor versión de sí mismos.
- No se dedican a descubrir qué les gusta, les llena o les apasiona, ya que no sienten motivación y menos el optimismo que se requiere para lograr lo que en algún momento pueden desear.
- Son personas que no se conocen y por tanto no se valoran.
- Son sujetos que no buscan su crecimiento personal y menos las vías para maximizar su potencial y de esa forma lograr el éxito.

Nunca me cansaré de repetir que es imprescindible tener claro lo que se quiere de la vida y de siempre buscar formas de cómo conseguirlo. Cada uno de nosotros puede sentirse autorrealizado, pero se trata de un trabajo individual. Nadie puede hacerlo por ti. Tu crecimiento personal y profesional solo depende de tu motivación y de lo que hagas para alcanzarlo. Nada cae del cielo, nada es mágico y el azar es un asunto de la suerte. Si quieres hacer algo grande, extraordinario y maravilloso con tu vida, decide ser intencional hoy y concientiza tus decisiones.

DIME QUIÉN ERES Y TE DIRÉ QUÉ TAN REALIZADO ESTÁS

Todo lo podemos lograr si realmente queremos. No obstante, te seré franca, lo podrás lograr dependiendo del tipo de persona que seas, ya que, desde mi experiencia como *coach* he identificado tres tipos de personas en el área de la realización personal, independientemente de su cultura, ideologías o creencias, estas son:

1. El derrotado. Es aquella persona que no tiene ningún tipo de aspiración, es perezosa y le falta motivación. Le encanta dormir, ver televisión o mirar sus redes sociales. Es alguien que no siente inspiración para desarrollar su propia historia porque no se ha ocupado de explotar sus capacidades. No le interesa tener ninguna responsabilidad y asume el día a día como llegue. Vive deprimido por los acontecimientos de la vida. En definitiva, no sabe para qué vive, solo existe. ¿Crees que alguien así puede lograr la autorrealización de la que estamos hablando?, ¿podrá encontrar ese nivel de satisfacción? ¡La respuesta es no! Para nada. Bruce Lee afirmó: «La derrota es un estado mental; nadie ha sido realmente derrotado hasta que la derrota es aceptada como una realidad».

2. El conformista. Es el que posee una actitud mediocre y se somete a las expectativas de otros ignorando las suyas propias. No tiene muchos deseos de mejorar o de cambiar su situación aunque lo necesite. Es el tipo de individuo que trabaja en lo que sea aunque no le guste. Es sumiso y acepta lo que esté frente a él. No confronta y no cuestiona porque no valora lo que es en realidad. No tiene una mentalidad de crecimiento ni tampoco el deseo de mejorarse a sí mismo. Por lo tanto, se conforma.

3. El triunfador. Es el tipo de persona realizada porque se esfuerza en obtener el mejor estilo de vida. Siente un nivel de satisfacción y de plenitud, aun cuando debe mejorar en algunas áreas. Por sobre todas las cosas sabe lo que quiere y a dónde va. Vive agradecido y mantiene una vida en equilibrio. No se da por vencido tan fácilmente aunque esté en medio de grandes batallas. Es una persona energética, determinada, persistente, comprometida y enfocada. Sobre todo sabe comunicarse, por lo que se le hace fácil expresar qué quiere en la vida.

> Cuando haces algo que te apasiona, te enfocas y vives esos momentos como si fuesen los mejores de tu vida.

Mi esposo dice que es increíble la alegría que yo proyecto cada vez que voy a dar una clase y es que en realidad esa sensación para mí no tiene descripción. Quizá se parezca a la de alguien cuando ha ganado la lotería. Es que cuando haces algo que te apasiona, te enfocas y vives esos momentos como si fuesen los mejores de tu vida. Es por esto que no hay nada mejor ni más placentero que hacer lo que realmente te guste y eso es algo que va más allá del dinero que tú ganas.

La autorrealización tiene que ver con la plenitud avasallante que puede inundar tu alma cuando triunfas en todos tus procesos. No solo bendices tu propia vida, sino también la de los demás. Esto se parece mucho al amor: este solo lo puedes repartir a otros cuando primero te amas a ti mismo.

En este sentido, vale la pena que analices qué valor puedes añadir a la vida de una persona cuando estás haciendo algo que no te satisface o cuando estás en un lugar de mediocridad, ¿cómo puedes crecer? No mucho, ¿verdad? Entonces es el momento de preguntarte ¿con qué tipo de persona te identificas más? Dime si eres el *derrotado*, el *conformista o* el *triunfador*. Si estás entre el conformista y el derrotado, quiero darte las buenas noticias: a partir de este preciso momento tienes la capacidad de cambiar esa situación; tú puedes modificar tu futuro tomando una buena decisión y siendo firme en su cumplimiento. No permitas que te venza el desgano. Tú eres un ser único y maravilloso, creado con talentos y dones especiales para brillar.

Si no sabes cómo activarte para lograr el cambio que deseas y vivir la vida que mereces, analiza tu vida, reflexiona qué quieres hacer de ella y el tipo de persona en el que te quieres convertir.

Considera que cuando pierdes el rumbo de la vida, no te queda más remedio que encontrarlo de nuevo. Es por ello que, en el proceso de sentirte autorrealizado, es necesario aplicar las 7R que abordamos en este libro, las mismas te ayudarán a retomar nuevamente el camino que habías iniciado. Como lo señala Walter Riso: «La realización personal no está en ser él mejor, sino en disfrutar plenamente lo que haces». ¡Enamórate del proceso!

CLAVES PARA SENTIRTE COMO UN TRIUNFADOR

Lo he dicho varias veces a lo largo de estas páginas y sin subrepticios. No hay fórmulas mágicas en el sendero del crecimiento personal, pero sí mucho análisis frente al espejo. Por esta razón, si quieres sentirte como un triunfador o como una persona realizada, es necesario que realices los siguientes pasos:

1. **Haz un análisis interno y ubícate.** Hacer un análisis interno es el primer paso hacia la autorrealización, te ayudará a definir y aclarar tu mente en lo que verdaderamente deseas para tomar mejores decisiones y vivir una vida con intencionalidad.
2. **Planifica tu semana.** En el camino hacia la autorrealización es imprescindible planificar tu semana, ya que te ayudará a organizarte y a priorizar las tareas que requieren de tu atención. Por lo general, yo aconsejo a las personas que programen su semana el día en que tienen menos responsabilidades por cumplir. Ese es el día perfecto para sentarte y definir lo que vas a hacer durante ese lapso de tiempo. Hazlo con la finalidad de trabajar en ellas lo antes posible. De esta forma podrás alcanzarlas y no procrastinar.
3. **Desconéctate de lo que te lastima.** ¿De qué manera te puedes sentir autorrealizado si constantemente te encuentras con personas, lugares y pensamientos que te lastiman? Para sentirte realizado es necesario que te apartes de lo que es dañino. Analiza e identifica qué es aquello que te roba tu tiempo y energía: si son personas, situaciones, ambientes, actitudes y pensamientos. Por consiguiente, enfócate en lo bueno de la

vida y en las razones más importantes para que desarrolles una autoestima saludable y seas feliz.

4. **Construye tu cimiento en tu amor propio.** Si en el día de hoy aún no te conoces, regálate el tiempo de descubrir quién eres, conoce más sobre tus debilidades y fortalezas, de tus virtudes y defectos, para que de esa forma puedas amar y apreciar el ser maravilloso que reside dentro de ti. Practica esta frase, el amor propio es el cimiento donde se construyen los sueños, el éxito y la felicidad. De ahí nace todo. Una persona realizada tiene un nivel de satisfacción y amor propio inconmensurable. Sin amor propio es muy difícil desarrollar una vida plena, tener una autoestima sana y ganar seguridad. Por ende, si quieres sentirte como un triunfador ámate.

5. **Sé receptivo y aprende algo nuevo cada día.** La vida nos presenta tantas oportunidades, pero las dejamos pasar por no estar abiertos a recibirlas. A partir de este instante, te invito a salir todos los días a la calle como si no conocieras el sitio por el cual transitas. Fíjate en los detalles, en los nuevos rostros que se cruzan delante de ti, ponle atención a las señales que se te presentan y a lo que te dicen. Eso es lo que haría un aprendiz, vería al mundo con otros ojos. En efecto, se

sabe que el autorrealizado es alguien que todos los días aprende algo nuevo porque es abierto y muy receptivo.
6. **Persevera y triunfa.** El filósofo Thomas Carlyle señaló lo siguiente: «Si se siembra la semilla con fe y se cuida con perseverancia, solo será cuestión de tiempo recoger sus frutos». Perseverar es firmeza y constancia. La persona que logra perseverar está destinada a alcanzar todo lo que se proponga en la vida, porque nada ni nadie en su camino lo podrá desconectar de su enfoque principal o meta final. Sentirse una persona realizada no siempre será fácil, pero al final será gratificante.

¡DÉJATE AYUDAR! TU AUTONOMÍA NO DEBE APARTARTE DE TU COMPAÑÍA

Una vez que te encuentres en el camino de la realización personal, es decir, cuando estés trabajando en tus propósitos, deberás fijarte en que todo lo que construyas, lo hagas de forma autónoma, sin desvincularte de las personas que estén a tu alrededor y que puedan aportar algo positivo a tu proceso. Por ejemplo, mi proceso de autorrealización ha sido trabajado y alcanzado gracias a todas aquellas personas que de alguna manera han formado y forman parte de mi vida. Ahora bien, muchos de estos trayectos demandaron de mí: fuerza de voluntad, valentía, firmeza y constancia. No obstante, debo recalcar que las personas que más quiero, han sido las que me han animado a seguir en momentos de dificultad, en definitiva, sin ellos el proceso hubiera sido más largo y duro. Por eso, es importante que formes vínculos profundos en las relaciones que hagas, mientras logras tu realización personal. Esto es algo que aprendí de John Maxwell y es que para progresar necesitamos de las conexiones. Crear una red de contactos es superimportante, ya que para crecer y alcanzar nuestros propósitos se necesita de estos vínculos.

CINCO BLOQUEADORES QUE TE IMPIDEN REALIZARTE

Hay bloqueadores que nos impiden ser personas realizadas y reconocerlos es la forma de no caer en sus redes, son las trampas que nos limitan y que no nos permiten tomar buenas decisiones. Estar conscientes de ellos nos ayudará a no sucumbir a los engaños que posponen ese maravilloso encuentro con la satisfacción personal. Tales bloqueadores son:

1. **Ser demasiado perfeccionistas.** Debemos reconocer que todo lo que se lleva al extremo no es bueno. Yo sé que muchos desean hacer las cosas bien. No quieren cometer errores, fracasar o equivocarse, no obstante, siempre hay un límite. La búsqueda de la perfección es buena, siempre y cuando no te impida avanzar, ya que de otra manera estarás buscando el lugar perfecto, el tiempo perfecto y esto son brechas que te impedirán que despegues. Por ello mi consejo es ir hacia la excelencia, dejando de lado el perfeccionismo, enfocándote en trabajar y mejorar cualquier área de tu vida.
2. **Adoptar actitudes contraproducentes.** A veces, tenemos comportamientos que son nocivos contra nosotros mismos. La vida nos exige a diario responsabilidad, no pasividad. Por tanto, si sabes que estás haciendo algo indebido, ¿por qué lo continúas haciendo?
3. **Creerse una víctima.** Las personas deben dejar de victimizarse por todo y más bien hacerse responsables de lo que les corresponde y no estar culpando erróneamente a otros de sus propias decisiones y acciones, así como lo señalé en la primera R (Responsabilízate) en el primer capítulo de este libro.

4. **Tener falsas expectativas.** Se reconoce que los sueños y metas son parte fundamental en la vida de cualquier ser humano. Todos anhelamos una mejor vida, pero para alcanzarla no es suficiente soñar, hay que ser realistas y accionar. Lograr tus sueños no es algo que surge de la noche a la mañana, debes ser constante y trabajar duro. Es por ello que si quieres alcanzarlos, es indispensable que te propongas metas específicas, alcanzables y realistas, de esa forma no te frustrarás en el camino y podrás lograrlas.
5. **Hacer muchas cosas a la vez.** Uno de los factores que le impide a una persona sentirse realizada es querer hacer muchas cosas al mismo tiempo. Son ese tipo de gente que tienen muchas ideas, pero que ninguna concretan porque carecen de enfoque. Además, se desgastan y pierden toda su energía tratando de abarcar tanto. Las personas deben entender que para desarrollar sus ideas deben hacerlo una a la vez. Cuando sientan que una idea la han materializado y les proporciona cierto nivel de satisfacción, se pueden enfocar en desarrollar la siguiente.

Hay una frase de Swami Vivekananda que dice: «Toma una idea. Hazla tu vida: piensa sobre ella, sueña sobre ella, vívela. Deja que tus músculos, cerebro, nervios y cada parte de tu cuerpo se llenen de esa idea. Luego, deja todas las demás ideas solas. Ese es el camino hacia el éxito». Entonces, cuando quieras sentirte realizado, no puedes poner tu enfoque al inicio en muchas cosas al mismo tiempo. Tienes que nutrir una idea a la vez, tienes que amarla, cuidarla, vivirla y sentirla. Tienes que enfocarte para que esa idea se desarrolle y te lleve a ese lugar de éxito.

LA IMPORTANCIA DE LAS BUENAS DECISIONES Y UNA ACTITUD OPTIMISTA

Harvey Mackay dijo una vez: «Cuando te despiertas todos los días, tienes dos opciones. Puedes ser positivo o negativo; un optimista o un pesimista. Elijo ser optimista. Todo es cuestión de perspectiva». En lo personal, me encanta esta frase porque habla sobre el poder de la decisión. Por ello, si algo es importante para ti y te está haciendo un llamado, qué esperas para responder. Cada vez que te levantas por la mañana tienes la oportunidad de trabajar por lo que quieres y esa decisión inicia con adoptar una buena actitud. Así como lo señala Mackay, tú tienes opciones y el camino que tú decidas tomar cada mañana es tu decisión.

Realízate

Estas decisiones a veces pueden parecer difíciles, pero con la suficiente sabiduría y aplomo podrás salir airoso. Tales decisiones pueden ser del siguiente tipo:

1. De inversión. El camino del éxito exige que te prepares, que dediques el tiempo para desarrollarte y también requiere muchas veces pagar una cantidad de dinero para poder seguir creciendo.
2. De formación. El ser humano siempre debe estar en un proceso de evolución, crecimiento y aprendizaje. Todos necesitamos nutrirnos diariamente con ideas y perspectivas que nos ayuden a desarrollar destrezas, adquirir nuevos conocimientos, a tomar mejores decisiones y ser mejores personas.
3. De resistencia. No renuncies cuando las cosas se pongan difíciles. Todos sabemos que al transitar el camino de la realización personal vamos a encontrar dificultades que nos van a sacar de ese sendero, por lo que siempre será esencial saber dónde está tu mirada, ya que si no estás enfocado hacia dónde quieres ir, no vas a poder sobrepasar todos esos obstáculos que sin duda se atravesarán y te cortarán el camino.

4. De sacrificios. Muchas veces tendrás que prescindir de fiestas, salidas y distracciones para lograr otras cosas que son más importantes. Entonces, que no te avergüence rechazar una invitación o no asistir a algún lugar porque debes quedarte trabajando en algo más significativo para ti. Te aseguro que al final será mucho más satisfactorio lograr lo que tanto anhelas.

5. De poner límites. ¿Cuántas veces te has sometido a las expectativas y cumplimientos de otras personas ignorando las tuyas propias? Probablemente muchas veces, ¿verdad? Si eres de las personas que no sabe decir «no», lamentablemente te digo que de esa forma jamás podrás sentirte una persona realizada. Yo he visto cómo muchas personas se dedican a realizar los sueños y a cumplir las metas de otros, olvidándose de efectuar aquello que sí es para su propio beneficio. ¿Cuántas madres se han dedicado a cumplir los sueños de sus hijos y de sus esposos —o viceversa— y se han olvidado de construir la vida que han deseado? Estas personas nunca se sentirán realizadas porque no supieron poner esos límites desde un principio. No dejes que la vida se te vaya en un abrir y cerrar de ojos, decide hoy establecer límites

saludables para que puedas trabajar en lo que quieres lograr y hacerte feliz. ¡Hazlo por ti y en tu honor!

VUELVE A MIRARTE

Anthony Robbins afirma: «Nuestras creencias sobre lo que somos y lo que podemos ser pueden determinar precisamente lo que podemos ser». Por tanto, como dije en mi libro *La llave al éxito*: «Somos lo que pensamos, por ende, atraemos lo que somos». Una vez más te quiero preguntar: ¿qué piensas de ti mismo? ¿Qué es lo que estás procesando todos los días sobre tu persona? ¿Qué es lo que estás creyendo? ¿Crees que tus pensamientos te están ayudando a convertirte en un triunfador?

SIETE CREENCIAS LIMITANTES QUE TE ALEJAN DE SENTIRTE COMO UNA PERSONA REALIZADA

A continuación, te expondré las siete creencias limitantes más comunes que pueden estar alejándote de sentirte como una persona realizada. Si alguna resuena contigo, no dudes en trabajarla hasta transformarla en un pensamiento positivo. Ten presente que hasta los diamantes deben ser esculpidos para convertirse en joyas preciosas. Entonces, pon atención si:

1. **Piensas en que no eres lo suficientemente bueno.** ¡Claro que lo eres!, recuerda que somos seres maravillosos y que fuimos creados para hacer grandes cosas, así que no te sigas castigando y saboteando con una mentira que solo lacera tu autoestima y te impide crecer.
2. **Piensas que no estás listo y no es el momento perfecto**. Hay gente que no comienza a hacer las cosas porque aspira a la perfección desde el inicio y eso nunca será posible. El momento perfecto no existe. A veces es difícil atreverse y dar ese primer paso hacia la conquista de nuestros sueños, no esperes el momento perfecto para dar ese primer paso, será el más difícil, pero es el más importante de todos porque es el que te llevará a la acción. Napoleón Hill una vez afirmó: «No esperes. El momento nunca será el adecuado. Empieza donde estés ahora, trabaja con lo que tengas a tu disposición y encontrarás mejores herramientas a medida que sigas adelante». *¡El momento es ahora!*

3. **Piensas que no cuentas con la suficiente educación o dinero para invertir.** Hoy día contamos con una enorme cantidad de recursos accesibles para todos, si de verdad quieres algo, encontrarás las formas de alcanzarlo, si no, te quedarás encajado en las excusas. Para el que quiere no hay imposibles. Vivimos en un mundo lleno de oportunidades, pero tienes que moverte y saber dónde buscar.
4. **Piensas que el éxito es solo para los ricos.** Eso es sencillamente un mito. El éxito es para el que verdaderamente lo quiere. Sé de muchos que hoy amasan grandes fortunas y nacieron en hogares humildes.
5. **Piensas que no cuentas con el apoyo de nadie o que no tienes experiencia.** Recuerda que mucho de lo que hagas por tu vida dependerá mayormente de ti. El apoyo que te pueden dar los demás es opcional y una bendición, en materia de experiencia esta solo se adquiere con trabajo.
6. **Piensas que eso no es para ti o que no te funcionará.** Primero, debes intentar y segundo, persistir. No te fíes de las experiencias de los demás. El hecho de que a tu amigo no le haya ido bien en determinado lugar, negocio o emprendimiento,

no significa que a ti te pasará lo mismo. ¡Cree en ti y confía!
7. **Piensas que es imposible y no se puede hacer.** Sé de muchas personas que no avanzan en sus vidas porque se quedan enfocados en lo que no se puede hacer, cuando existen tantas posibilidades de cómo hacerlo. Por adoptar este tipo de mentalidad y actitud pesimista es que este grupo de personas no crecen ni avanzan. Si quieres realizarte como persona y lograr una vida feliz, mantente optimista e inténtalo de nuevo.

Recuerda que todas estas creencias se pueden revertir, pero ese es un trabajo muy personal y que hay que practicar diariamente. Así como Roma no se hizo en un día, tu imperio interior necesita de construcción y de desarrollo. Requiere de un trabajo arduo y constante en el que te permitas recurrir a cada proceso y enseñanza que hemos explicado en este libro. Esta es la única forma de entender que la realización personal nunca tiene fin y que siempre, independientemente de tu edad o situación, podrás encontrar alegrías y dicha en este hermoso sendero que llamamos vida.